The MAGIC of Small Spaces
La MAGIA de los Pequeños Espacios
La MAGIE des Petits Espaces

The MAGIC of Small Spaces
La MAGIA de los Pequeños Espacios
La MAGIE des Petits Espaces

fitway
publishing

Idea and concept: Paco Asensio, Hugo Kliczkowski

Editor: Óscar Asensio/Línea Editorial

Coordination and texts: Lucrecia Álvarez, Cristina Paredes, Francesc Zamora

English translation: Cillero & De Motta

French translation: Cillero & De Motta

Design and layout: María José Gadea, Yolanda González Román

Editorial Project:

© LOFT Publications
Via Laietana, 32, 4.º Of. 92
08003 Barcelona, Spain
Tel.: +34 932 688 088
Fax: +34 932 68 / 0 /3
www.loftpublications.com
loft@loftpublications.com

English/Spanish/French language edition:

© H. Kliczkowski-Onlybook, S.L.
Original text © 2007 H. Kliczkowski
Produced by H. Kliczkowski.
This edition published by Fitway Publishing, San Francisco; selling rights in France, Australia, United States, Canada, United Kingdom and India.

English/Spanish/French language edition
© H Kliczkowski-Onlybook, S.L.
Copyright for the international edition

ISBN: 978-1-59637-243-6

Printed in China

Index

THE QUINTESSENCE OF SPACE

It is said that everything surrounding the individual that is not nature, is considered architecture. If this were true, architecture would be present at every moment in our lives. This is precisely why it is important for interior designs to create harmonious spaces. The dwellings depicted in this book are impeccable in terms of aesthetics, and offer practical and original solutions to problems that arise due to lack of space. The projects that we have selected prove that talent often intensifies when confronted with difficulties. This book shows examples of the best exponents of modern design and the most imaginative solutions in the distribution of homes with a reduced surface area.

Interior designers of small dwellings often tend to opt for minimalism as a decorative style, i.e., only a few pieces of furniture, clean-cut lines and neutral colours. The Magic of Small Spaces is a compilation of projects that shows that a small surface area does not necessarily condition the interior design. All that is needed is to follow two basic rules. Firstly, take advantage of the available space, and know what each area of the home is to be used for, in order to design it and organise it in the best possible manner. Another important premise is not to overload the floor and walls, in order to achieve a serene ambience and enjoy the comfort of the space.

The projects that fill the following pages are not only examples of ingenuity in adapting reduced surface-areas, they are also characterised by aspects as important as lighting, the use of colour and the choice and combination of furniture.

Light

Mankind has always put great importance on lighting. The quantity and quality of light influences our way of seeing objects. Independently of whether it comes from a natural or artificial source, light possesses specific characteristics that

should be understood in order to choose it appropriately, in accordance with the activity that is to be carried out.

Light is therefore the first variable to influence architecture. There are multiple elements that an architect can use to capture, reflect, sift and emit light. In interior design, it is fundamental as it has decorative and functional qualities. An appropriate use of lighting can give personality to a space and modify its style in accordance with requirements and the rest of the elements.

Colour

Colour is an element that goes beyond the purely aesthetic and can create different ambiences. The choice of a colour can notably modify a space. It should therefore be studied and chosen with great care. In decoration it is used in accordance with the concepts of harmony and contrast, which should be combined in a balanced way.

Furniture

One of the keys to decoration is achieving balance and proportion with the combination of different objects. To do so, the style, form and layout of furniture should be taken into account. Style is determined by taste, while the other two concepts depend directly on the space. This is the reason why the layout of the furniture should be the last step in the design of a room. Once the above phases have been finalised, the furniture is included in function of the space in each room and the uses and habits of the occupants.

HACIA LA QUINTA ESENCIA DEL ESPACIO

Se dice que todo lo que habita alrededor del individuo y no es naturaleza se considera arquitectura. Si esto fuera cierto significaría que la arquitectura está presente en todos los instantes de nuestra vida. Por esta razón es importante que el diseño de interiores cree espacios equilibrados. Las viviendas que se muestran a continuación son estéticamente impecables y ofrecen soluciones prácticas y originales a los problemas originados por la falta de espacio. Si la dificultad agudiza el talento, los siguientes proyectos demuestran que esta máxima es cierta. Así pues, este libro recoge los mejores exponentes del diseño actual y las soluciones más imaginativas en la distribución de viviendas pequeñas.

El diseño de interiores pequeños suele decantarse por el minimalismo como estilo decorativo, es decir, pocos muebles, líneas puras y colores neutros. La Magia de los Pequeños Espacios recoge proyectos que demuestran que una superficie reducida no tiene por qué condicionar el diseño; tan sólo es necesario seguir dos reglas básicas: aprovechar el espacio disponible y saber a qué se destinará cada área de la vivienda para diseñarla y organizarla de la mejor manera posible. Otra de las premisas es no recargar el suelo ni las paredes, para conseguir una atmósfera serena y disfrutar cómodamente del espacio.

Además de la necesidad de ubicar todos los servicios en una superficie reducida, los proyectos que se muestran a continuación tienen en cuenta aspectos tan importantes como la iluminación, el uso del color y la elección y combinación del mobiliario.

La luz

El ser humano siempre ha otorgado gran importancia a la iluminación. La cantidad y la calidad de la luz influyen en la forma de ver los objetos. Independientemente de que ésta provenga de una fuente natural o artificial, la luz posee

características específicas que deben conocerse bien para escogerla de manera adecuada y de acuerdo con la actividad que se realiza.

Por todo esto, la luz es la primera de las variables que influye en la arquitectura. Hay múltiples elementos de los que un arquitecto puede valerse para captar, reflejar, tamizar y emitir la luz. En el diseño de interiores, es una cuestión fundamental porque tiene cualidades decorativas y funcionales. Un uso apropiado de la iluminación puede otorgar personalidad a un espacio y modificar su estilo de acuerdo a las necesidades y al resto de los elementos.

El color

Es un elemento que supera lo puramente estético para convertirse en un «generador de climas». La elección de un color puede modificar notablemente un espacio, por lo que éste debe ser estudiado y elegido con sumo cuidado. En decoración el color se utiliza siguiendo los conceptos de armonía y contraste, combinándolos de forma equilibrada.

El mobiliario

En la decoración una de las claves es conseguir el equilibrio, cierta proporción en la forma de los objetos y en la combinación de los distintos elementos, ya que debe tenerse en cuenta su estilo, forma y disposición. El estilo está determinado por el gusto, mientras que los dos restantes dependen directamente del espacio. Por esta razón, la disposición de los muebles debe ser el último paso en el diseño de una estancia. Una vez finalizadas las fases anteriores, la inclusión de las piezas se realiza en función del espacio de cada habitación y de los usos y costumbres de sus ocupantes.

VERS LA QUINTESSENCE DE L'ESPACE

On dit que tout ce qui n'est pas naturel dans l'environnement de l'individu est considéré comme partie intégrante de l'architecture. Si l'on part de ce constat, l'architecture est donc présente à chaque instant de notre vie. C'est pourquoi il est important que le design d'intérieur invente des espaces où règne l'équilibre. Les logements présentés dans cet ouvrage témoignent d'une esthétique remarquable et proposent des solutions pratiques et originales aux problèmes liés au manque d'espace. La difficulté met en valeur le talent ; les projets suivants démontrent que cette maxime est juste. Ainsi, ce livre a pour but de faire découvrir les meilleurs designers du moment, ainsi que les solutions les plus imaginatives pour l'aménagement des logements de petites surfaces.

Le style de décoration des petits intérieurs est caractérisé par un design minimaliste : peu de meubles, des lignes épurées et des couleurs neutres. La Magie des Petits Espaces montre des projets qui mettent en évidence le fait qu'une petite surface ne doit pas déterminer un design particulier ; il suffit de respecter deux règles de base : tirer le meilleur parti de l'espace disponible et définir la fonction de chacune des pièces du logement, afin de les organiser au mieux avec un design approprié. Il est également important de ne pas surcharger le sol, ni les murs, afin de créer une atmosphère paisible, permettant ainsi de profiter confortablement de l'espace.

En plus de la nécessité de regrouper tous les services dans un espace réduit, les projets présentés dans cet ouvrage prennent en compte les principaux aspects du design d'intérieur tels que l'éclairage, l'utilisation de la couleur, le choix et l'aménagement du mobilier.

La lumière

L'être humain a toujours accordé beaucoup d'importance à l'éclairage. La quantité et la qualité de la lumière influent sur

notre perception des objets. Quelle soit naturelle ou artificielle, la lumière possède des caractéristiques spécifiques qui doivent être bien connues, de manière à choisir l'éclairage adapté aux différentes activités effectuées.

C'est pourquoi la lumière est le premier élément qui influe sur l'architecture. Il existe plusieurs éléments qui peuvent être utilisés par l'architecte pour capter, refléter, tamiser ou émettre de la lumière. Pour le design d'intérieur, la lumière est un élément fondamental car elle possède des qualités décoratives et fonctionnelles. Une utilisation appropriée de l'éclairage peut donner une certaine personnalité à la pièce et peut ainsi modifier son style en fonction des besoins et des autres éléments qui la composent.

La couleur

Il s'agit d'un élément qui dépasse ce qui est purement esthétique, pour se métamorphoser en « générateur de climats ». Le choix d'une couleur peut modifier considérablement un espace ; c'est pourquoi elle doit être étudiée et choisie avec le plus grand soin. Pour la décoration, la couleur s'utilise selon les concepts d'harmonie et de contrastes, qui doivent être combinés de manière équilibrée.

Le mobilier

L'une des clés de la décoration est de parvenir à un équilibre, à une certaine proportion en ce qui concerne la forme des objets et à la coordination des différents éléments. Le style, la forme et la disposition du mobilier doivent être pris en compte. Le premier élément est déterminé par le goût, contrairement aux deux autres, qui dépendent directement de l'espace. Ainsi, la disposition des meubles doit constituer la dernière étape du design d'une pièce. Une fois les phases précédentes terminées, l'agencement du mobilier est déterminé en fonction de chacune des pièces et des us et coutumes de ses occupants.

Micro-compact Home
Hogar microcompacto
Habitation micro-compacte

7 m²/75.35 sq ft

Mobile space

Architects: H. C. Lee Architects,

L. Haack & J. Höpfner Architekten

Photography: A. Leiber, D. Gilbert,

H. Höpfner, S. Kletzsch

This 91,8 cu ft aluminium cube houses a kitchen, bathroom, dining room and bedroom in one small space. Created for nomads and students, furniture is not required and it has a television, microwave and fridge.

Este pequeño cubo de aluminio de 2,6 m³ integra la cocina, el baño, el comedor y el dormitorio en un solo espacio. Ideado especialmente para nómadas y estudiantes, no necesita muebles y está equipado con televisión, microondas y nevera.

Ce petit cube en aluminium de 2,6 m³ comprend la cuisine, la salle de bain, la salle à manger et la chambre à coucher dans un seul et même espace. Conçu spécialement pour les étudiants et les voyageurs, aucun ameublement supplémentaire n'est nécessaire. Il est équipé d'une télévision, d'un four micro-ondes et d'un réfrigérateur.

Essential home elements were selected and adapted for the construction of this small, light and transportable house.

Se seleccionaron los elementos esenciales de una vivienda y se adaptaron para construir esta casa pequeña, ligera y transportable.

Les éléments essentiels d'un logement ont été sélectionnés et adaptés pour construire cette petite maison légère et transportable

This dwelling, conceived by Horden Cherry Lee, Lidia Haack and John Höpfner, in collaboration with the Munich Technical University, has a remarkable design and level of comfort. The project, based on the use of clean energy and ecological material, consists of a light and transportable house. Its design is inspired in the business class seats of prestigious air-lines (techniques designed for airplanes, yachts and cars were used in its design and construction). The resulting home has minimum decoration and easy-to-clean and luminous surface areas.

La vivienda, ideada por Horden Cherry Lee, Lidia Haack y John Höpfner, en colaboración con la Universidad Técnica de Munich, destaca por su diseño y confort. El proyecto, basado en el uso de energías limpias y materiales ecológicos, consiste en una casa ligera y transportable cuyo diseño está inspirado en los asientos de clase business de las mejores líneas aéreas (en su diseño y construcción se emplearon técnicas desarrolladas para aviones, yates y coches). El resultado es una vivienda de superficies luminosas y fáciles de limpiar con una decoración mínima.

Conçu par Horden Cherry Lee, Lidia Haack et John Höpfner, en collaboration avec l'Université Technique de Munich, ce logement se distingue par son design et son confort. Le projet, basé sur l'utilisation d'énergies propres et de matériaux écologiques, consiste en une maison légère et transportable dont le design s'inspire des sièges des classes business des compagnies aériennes prestigieuses (pour son design et sa construction, les techniques développées pour les avions, les yachts et les voitures ont été utilisées). On obtient ainsi un logement bénéficiant de surfaces lumineuses et faciles à nettoyer, avec une décoration minimaliste.

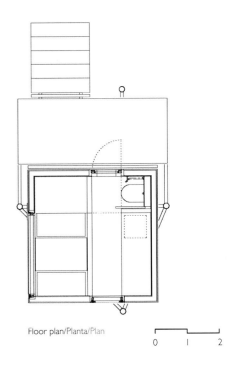

Floor plan/Planta/Plan

0   1   2

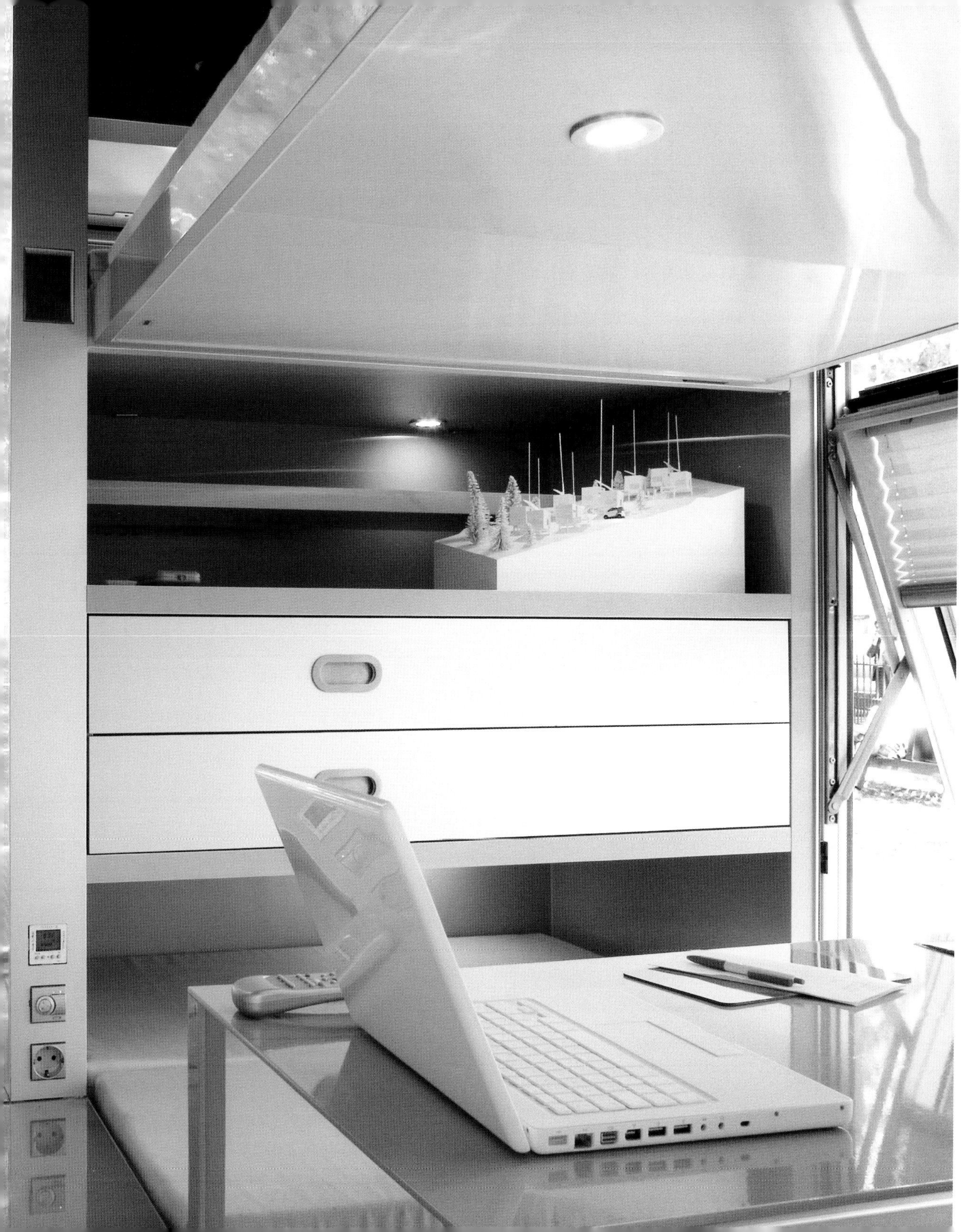

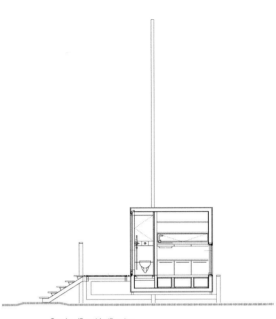

Section/Sección/Section

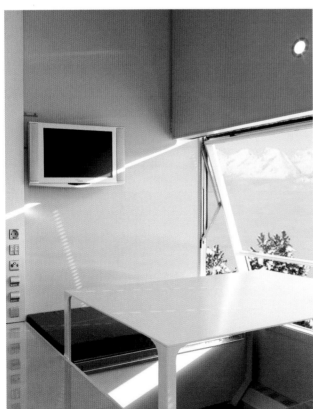

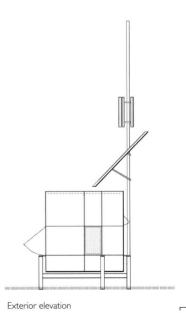

Exterior elevation
Alzado exterior
Élévation extérieure

0   1   2

An area for working and eating, with a capacity for five people, was placed under the bed, and the bathroom was located in the entrance.

Se habilitó bajo la cama una zona para trabajar y comer, con capacidad para cinco personas, y se situó el baño en el vestíbulo.

Sous le lit, un espace pouvant accueillir cinq personnes a été aménagé pour manger et travailler. La salle de bain se situe au niveau de l'entrée.

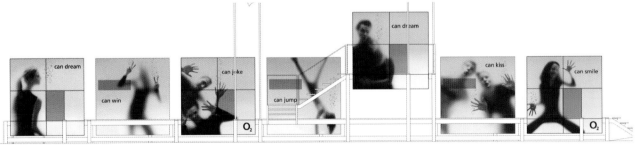

Exterior elevation at O_2 Village for a group of students of the University of Technology in Munich

Alzado del conjunto de módulos que forman O_2 Village para un grupo de estudiantes de la Universidad Técnica de Múnich

Elévation extérieure dans le Village O_2 réalisé pour un groupe d'étudiants de l'Université Technologique de Munich

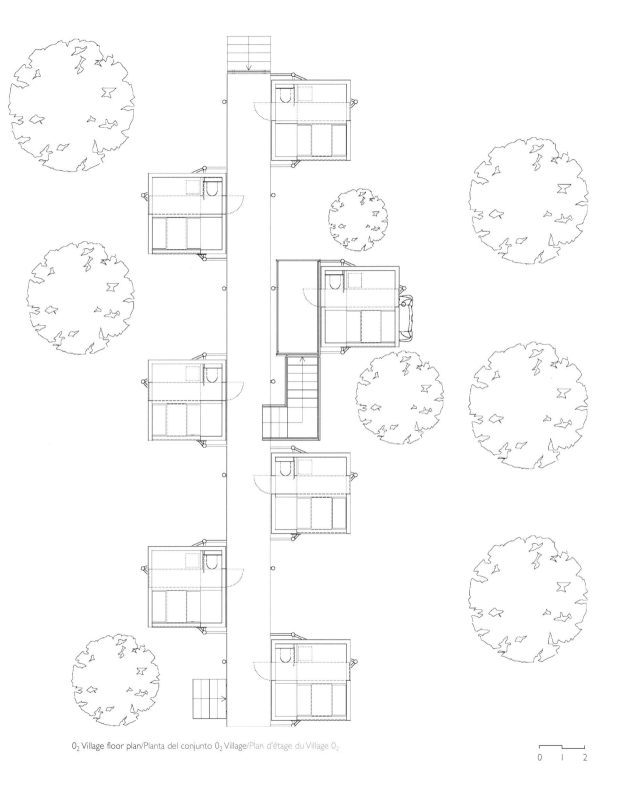

0_2 Village floor plan/Planta del conjunto 0_2 Village/Plan d'étage du Village 0_2

0   1   2

Single Atmosphere
Monoambiente
Ambiance Singulière

24 m²/259 sq ft

Buenos Aires, Argentina

Interior design: Elena Von Grolman

Photography: Juan Hitters

This small flat was originally a passing place, a place to spend the night when university seminars finished too late to get home. However, the renovation project has transformed it into a place that can be used as a home in its own right.

Este pequeño apartamento era un lugar de paso, un refugio donde pasar la noche cuando las jornadas de la universidad finalizan demasiado tarde. Sin embargo, tras el proyecto de rehabilitación, la vivienda puede emplearse como primera residencia.

Ce petit appartement est un lieu de passage, une solution alternative pour passer la nuit lorsque les journées à l'université se terminent trop tard. Cependant, après un projet de réhabilitation, il peut être utilisé comme résidence principale.

The 1950s building formed part of the Hotel California. Later it was converted into an apart-hotel and finally it was sold as small apartments.

El edificio, de la década de 1950, formaba parte del hotel California. Más tarde se convirtió en apart-hotel y, finalmente, fue vendido en pequeños apartamentos.

Le bâtiment, construit dans les années 1950, faisait partie de l'hôtel California. Plus tard, il a été transformé en apart-hôtel, pour être finalement vendu en plusieurs petits appartements.

The home, which originally formed part of a hotel, was in a considerably poor condition: the walls were painted in dark colours, the parquet was in poor quality and nothing worked in the kitchen. The main objective of the project was to achieve a functional space without too many elements. Improvements were made in two phases. Firstly the walls were painted white and the floor was polished and covered with white enamel. Then alterations were made in the kitchen, and a microwave and panelled fridge were installed. A large chipboard wood bookcase occupies one of the walls of the main room.

La vivienda, que originalmente formaba parte de un hotel, estaba muy deteriorada: las paredes estaban pintadas con colores oscuros, el parquet era de escasa calidad y la cocina no funcionaba. El objetivo principal del proyecto era lograr un espacio funcional sin demasiados elementos. La reforma se llevó a cabo en dos fases: en la primera se pintaron las paredes de blanco y, tras pulir el suelo, éste fue cubierto con un esmalte también blanco; en la segunda fase se reformó la cocina, que incorpora un microondas y una nevera panelada. Una enorme librería de madera aglomerada ocupa una de las paredes de la estancia principal.

L'appartement qui à l'origine faisait partie d'un hôtel, était en très mauvais état : Les murs étaient peints avec des couleurs sombres, le parquet était de mauvaise qualité et la cuisine ne fonctionnait pas. L'objectif principal du projet était de créer un espace fonctionnel, sans être surchargé. La rénovation s'est déroulée en deux phases : durant la première phase, les murs ont été peints en blanc, le parquet a été poli, puis verni en blanc. Pendant la seconde phase, la cuisine a été rénovée et équipée d'un four micro-ondes et d'un réfrigérateur encastré. Une grande bibliothèque en bois aggloméré occupe l'un des murs de la pièce principale.

Books, transparent, colourful vases and small works of art by Argentinean artists give life and colour to the home.

Libros, floreros transparentes y de colores y obras en formato pequeño de artistas argentinos aportan vida y color al conjunto.

Des livres, des vases transparents et de couleurs, ainsi que des œuvres d'art de petits formats d'artistes argentins, confèrent gaîté et couleur à l'ensemble.

An antique oak table with butterfly-style chairs doubles up as both desk and dining room table; an antique kilim covers the parquet.

Junto a unas sillas de estilo Butterfly, una antigua mesa de roble realiza la doble función de escritorio y mesa de comedor; sobre el parquet se ha colocado un antiguo kilim.

Aménagée avec des chaises de style Butterfly, une ancienne table en chêne a une double fonction : bureau et table à manger. Sur le parquet, s'étend un ancien kilim.

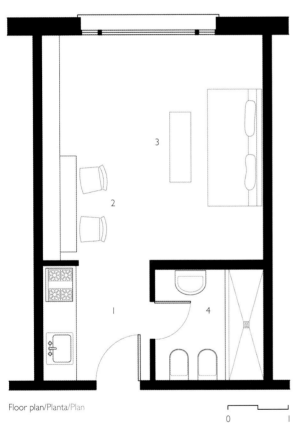

Floor plan/Planta/Plan

0   1

1. Kitchen/Cocina/Cuisine
2. Studio/Estudio/Studio
3. Living room/Salón/Salle de séjour
4. Bathroom/Baño/Salle de bain

The bathroom has all the basic elements. The original glazed ceramic tiles were replaced by pure white tiles and decorative objects add a note of colour.

El cuarto de baño incorpora todos los elementos básicos. Los azulejos originales fueron reemplazados por baldosas de un blanco impoluto y se dispusieron algunos objetos decorativos, que añaden una nota de color.

La salle de bain dispose de tous les éléments de base. Les carreaux en faïence d'origine ont été remplacés par des carreaux d'un blanc immaculé et les objets de décoration apportent une note de couleur.

C-2 House
Casa C-2
Maison C-2

28 m²/300 sq ft

Yamanashi, Japan

Architect: Curiosity

Photography: Gwenael Nicolas/Curiosity

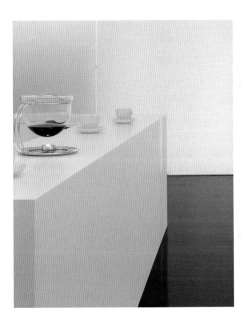

Yamanashi is a prefecture of the island of Honshu known mainly for world-famous Mount Fuji. The house is in the mountainous landscape so typical of Japanese postcards.

La prefectura de Yamanashi está ubicada en la isla de Honshu, conocida por el famoso monte Fuji. Esta vivienda se alza en mitad de un paisaje montañoso típico de las postales japonesas.

La préfecture de Yamanashi est située sur l'ile de Honshu, rendue fameuse par le Mont Fuji. La maison C-2 se dresse dans ce paysage montagneux si typique des cartes postales japonaises.

The design allows for the adaptation of the new construction to the site and establishes profound ties with the surrounding landscape.

El diseño otorga importancia a la adaptación de la nueva construcción al lugar, estableciendo profundos vínculos con el entorno.

Le design donne une grande importance a l'intégration de la nouvelle construction au lieu et établie ainsi des liens profonds avec le paysaje.

A wooden walkway crosses the house and ends at the terrace. From the north, the construction appears to be partially buried, while from the south side, it simply looks like a two-story high building. The access to the house is through the top floor, which is an open space containing the living room, dining room and kitchen. The bedroom and the bathroom are located on the lower level, also with outdoor access thanks to the setting of the house against the hillside.

Una pasarela de madera atraviesa la casa hasta la terraza. Desde el lado norte, la construcción parece estar medio enterrada, mientras que desde el lado sur pueden apreciarse los dos pisos de la casa. La planta superior, desde la que se accede a la vivienda, alberga un único espacio —abierto a la terraza— donde se encuentran las zonas de día. El dormitorio está situado en el nivel inferior y, gracias al particular emplazamiento de la casa, que fue construida sobre una pendiente, éste dispone también de acceso directo al exterior.

Une passerelle de bois traverse la maison jusque la terrasse. Du coté Nord, la construction parait être enterrée de moitié, alors que depuis le coté Sud, les deux étages de cette maison s'offrent à la vue. L'étage supérieur, qui est aussi celui d'accès, héberge un espace unique abritant les zones diurnes et est ouvert vers la terrasse. La chambre est située à l'étage inférieur et, grâce à la situation particulière de cette maison construite sur un dénivelé, dispose aussi d'un accès direct à l'extérieur.

The orientation of the house and the openings allow natural light to flood the interior spaces, creating a constantly changing mood.

La orientación de la casa y de las aberturas permite abastecer los espacios interiores de abundante luz natural y generar ambientes cambiantes.

L'orientation de la maison et des ouvertures permet un apport abondant de lumière naturelle et génère des ambiances changeantes.

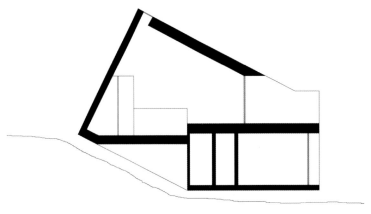

Longitudinal section/Sección longitudinal/Section longitudinale

Lower floor/Planta inferior/Étage inférieur

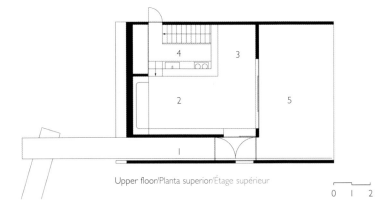

Upper floor/Planta superior/Étage supérieur

0 1 2

1. Entry/Entrada/Entrée
2. Living room/Sala de estar/Salle de séjour
3. Dining room/Comedor/Salle à manger
4. Kitchen/Cocina/Cuisine
5. Terrace/Terraza/Terrasse
6. Bedroom/Dormitorio/Chambre à coucher
7. Bathroom/Baño/Salle de bain
8. Toilet/Lavabo/Salle d'eau

Inside the house, the natural light reinforces the intense chromatic contrast between the walls, the floor and the ceiling.

La luz natural que inunda el interior de la residencia realza el intenso contraste cromático entre los diferentes planos interiores.

Le contraste chromatique intense entre les différents plans intérieurs est mis en valeur par la lumière naturelle qui inonde la maison.

Le Corti Apartment

Apartamento Le Corti

Appartement Le Corti

30 m²/323 sq ft

Milan, Italy

Architect: Marcello Cuneo Studio
di Architettura e Industrial Design

Photography: Amendolagine-Barrachia

This small apartment in Milan was specially designed for visitors to the city, with intentions of staying for more than just a few days.

Este pequeño apartamento, situado en Milán, fue diseñado especialmente para viajeros que quieren instalarse en él por un tiempo más o menos prolongado.

Ce petit appartement, situé à Milan, a été spécialement conçu pour les voyageurs qui souhaitent s'y installer pour une durée plus ou moins longue.

In order to obtain maximum advantage of the space the bed was situated under the raised floor. Thus the kitchen, dining and living rooms gain space and order.

Para sacar el máximo partido del espacio se situó la cama bajo una tarima. De este modo, se confiere amplitud y orden a las zonas de la cocina, el comedor y el salón.

Pour optimiser au maximum l'espace, le lit est placé sous une estrade. Ainsi, l'espace consacré à la cuisine, à la salle à manger et au salon s'avère plus spacieux et mieux organisé.

Plan A/Planta A/Plan A

0   1   2

1. Hall/Vestíbulo/Vestibule
2. Kitchen/Cocina/Cuisine
3. Living room/Sala de estar/Salle de séjour
4. Dining bedroom/Comedor dormitorio/Salle à manger chambre
5. Bathroom/Baño/Salle de bain

Abundant light and a clever choice of red as the dominant colour define this modern dwelling. The grey and metal details add balance to the whole.

Una luz abundante y una acertada elección del rojo como color protagonista definen esta vivienda moderna. Los detalles en gris y en metal equilibran el conjunto.

Un apport de lumière abondant et le choix minutieux du rouge comme couleur dominante caractérise ce logement moderne. Les détails gris en métal équilibrent l'ensemble.

The space was distributed to maximum advantage in order to create a functional apartment with a welcoming atmosphere. The combination of colours, the textures of the materials and the choice of lighting are extraordinary. Despite the reduced dimensions of the dwelling, the interior was decorated without the use of the colour white. The careful choice of furniture contributes to the creation of an orderly and rationally distributed space.

Se distribuyeron las diferentes áreas de manera funcional para aprovechar al máximo el espacio y crear al mismo tiempo un ambiente acogedor. Destacan la combinación de colores, el juego de texturas de los distintos materiales y una acertada iluminación. A pesar de las reducidas dimensiones de la vivienda, se apostó por unos interiores donde no se empleara el color blanco. Una cuidada elección del mobiliario contribuye a crear cierto orden y una distribución racional del espacio.

Les différentes pièces ont été reparties de manière fonctionnelle afin d'optimiser au maximum l'espace et de créer en même temps un cadre accueillant. Le mélange de couleurs, le jeu de textures des différents matériaux et un éclairage approprié attirent l'attention. Malgré les petites dimensions de l'appartement, il fait partie des rares intérieurs où la couleur blanche ne sera pas utilisée. Un choix minutieux du mobilier contribue à créer une certaine organisation et permet une distribution rationnelle de l'espace.

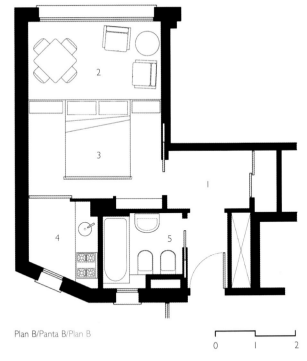

Plan B/Panta B/Plan B

0   1   2

1. Hall/Vestíbulo/Vestibule
2. Living room/Sala de estar/Salle de séjour
3. Dining bedroom/Dormitorio comedor/Salle à manger chambre
4. Kitchen/Cocina/Cuisine
5. Bathroom/Baño/Salle de bain

Mini Loft

Miniloft

Miniloft

30 m²/323 sq ft

Ljubljana, Slovenia

Architects: Rok Oman, Spela

Videcnik/Ofis Arhitekti

Photography: Tomaz Gregoric

One of the most interesting features of Slovenia is its exceptional diversity, despite being a small state. Likewise, this apartment located in Ljubljana incorporates a variety of nuances in just 323 sq ft.

Uno de los rasgos más interesantes de Eslovenia es su excepcional diversidad a pesar de ser un estado pequeño. Del mismo modo, este apartamento ubicado en Ljubljana incorpora en tan sólo 30 m² una gran variedad de matices.

Bien que la Slovénie soit un petit pays, l'un de ses aspects les plus intéressants est son exceptionnelle diversité. Ainsi, cet appartement de seulement 30 m², situé à Ljublajana, combine un grand nombre de nuances différentes.

The service areas were reduced to the minimum and located around the central space. This is a functional idea that confers a modern aesthetic to the dwelling.

Se redujeron al mínimo las áreas de servicios y se ubicaron alrededor del espacio central: una idea funcional que confiere una estética moderna a la vivienda.

Les espaces de services ont été réduits au minimum et s'articulent autour de la pièce principale, une idée fonctionnelle qui confère à l'appartement une esthétique moderne.

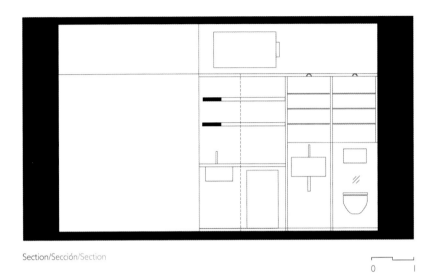

Section/Sección/Section

0   1

The Ofis Arhitekti studio project reflects the local plurality through an innovative design. One of the main objectives consisted in creating a living room that was as big as possible and that housed the entrance, the kitchen, a study, the bathroom, the bedroom and an audio and video room. It was an ambitious project that was resolved by installing volumes around the main room, and it was an ingenious idea with a clever use of space and materials. At night the translucent doors convert the interior of the dwelling into a box of lights.

El proyecto del estudio Ofis Arhitekti refleja la pluralidad local a través de un diseño innovador. Uno de los principales objetivos consistió en crear una sala de estar tan grande como fuera posible que albergara el recibidor, la cocina, un estudio, el baño, el dormitorio y una sala de audio y vídeo. Un proyecto ambicioso que se resolvió con la colocación de unos volúmenes en torno a la sala, una idea ingeniosa y una acertada utilización del espacio y los materiales. Por la noche las puertas translúcidas convierten el interior de la vivienda en una caja de luz.

Le projet de l'agence d'architecture Ofis Arhitekti reflète la pluralité locale grâce à un design novateur. Un des principaux objectifs consistait à créer un séjour aussi spacieux que possible, pouvant abriter l'entrée, la cuisine, un bureau, la salle de bain, la chambre à coucher, ainsi qu'une salle audio et vidéo. Ce projet ambitieux a été réalisable grâce à la disposition de certains volumes autour de la salle principale, une idée ingénieuse, et à une utilisation réfléchie de l'espace et des matériaux. La nuit, les portes translucides transforment l'intérieur de ce logement en une sorte de boîte à lumière.

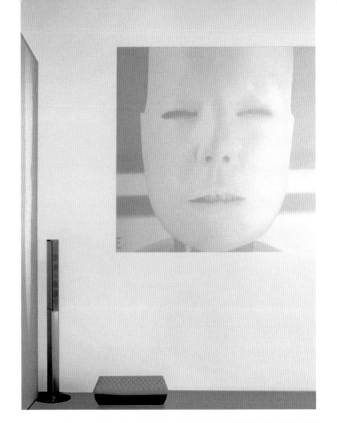

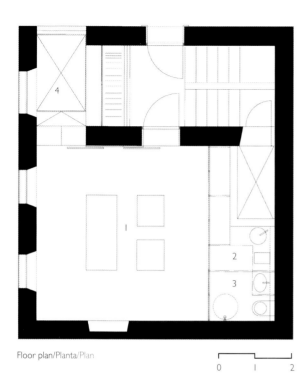

Floor plan/Planta/Plan

0 1 2

1. Living room/Sala de estar/Salle de séjour
2. Kitchen/Cocina/Cuisine
3. Bathroom/Baño/Salle de bain
4. Bedroom/Dormitorio/Chambre à coucher

In order to decide the location of each space, minimum dimensions for each zone were determined. The dormitory was raised to create a visual separation.

Para decidir la ubicación de cada estancia se determinaron las dimensiones mínimas para cada zona. Asimismo se elevó el dormitorio para crear una separación visual.

Les dimensions minimales pour chaque espace ont été définies afin de choisir l'emplacement de chaque pièce. La chambre à coucher a été surélevée afin de créer une séparation visuelle.

Liberty
Libertad
Liberté

33 m²/355 sq ft

Buenos Aires, Argentina

Architect: Camps Tiscornia Arquitectura

Photography: Daniela Mac Adden

This small apartment fulfils the set objectives of warmth and functionality and shows that an elegant home can include all commodities.

Este pequeño apartamento cumple los objetivos fijados, calidez y funcionalidad, y demuestra que una vivienda elegante puede incorporar todas las comodidades.

Ce petit appartement respecte les objectifs fixés ; chaleureux et fonctionnel, il prouve qu'un logement élégant peut être également synonyme de confort.

An enormous 5.25 × 6.23 sq ft sofa with white upholstery offers a comfortable place to read, watch television and receive visits during the day; at night it becomes a comfortable bed.

Un enorme sofá tapizado de blanco de 1,60 × 1,90 m ofrece un lugar confortable durante el día para leer, ver la televisión y recibir visitas; por la noche, se transforma en una cómoda cama.

Un grand canapé blanc (1,60 × 1,90 m) offre un espace confortable pendant la journée pour lire, regarder la télévision et recevoir des invités. Le soir, il se convertit en lit douillet.

Some square meters were sacrificed in order to achieve an elegant and functional room. The necessity to create space governed the project, which is why only two areas were created: a study area that becomes a dining room, and a living room that becomes a bedroom. The lack of divisions creates the impression of being in a large living-dining room; however the room transforms during the day in order to adapt to necessities.

Se sacrificaron algunos metros cuadrados para conseguir una estancia elegante y funcional. La necesidad de crear amplitud rigió el proyecto, por lo que finalmente se crea-ron dos áreas: un lugar de trabajo, que va transformándo-se en comedor, y una sala de estar que se convierte en dormitorio. La ausencia de divisiones crea la impresión de estar en un gran salón comedor; sin embargo, la sala va transformándose a lo largo del día para adaptarse a las necesidades.

Quelques mètres carrés ont été sacrifiés pour créer une pièce agréable et fonctionnelle. La nécessité de créer de l'espace a été déterminante dans la réalisation du projet, qui a finalement donné naissance à deux zones : un lieu de travail et une salle de séjour respectivement convertibles en salle à manger et chambre à coucher. L'absence de cloi-sons donne l'impression d'être dans un grand salon-salle à manger, mais la salle se transforme tout au long de la jour-née, au gré des différents besoins.

Red and purple Indian-style cushions and a black and beige chair with a mesh back provide an original touch to the living room.

Unos cojines de estilo indio en tonos rojos y malva, junto con una silla de color negro y beige con respaldo de rejilla añaden un toque original a la sala de estar.

Quelques coussins de style indien, dans les tons rouges et mauves, placés à côté d'une chaise de couleur noire et beige, avec un dossier quadrillé, confèrent une touche originale à la salle de séjour.

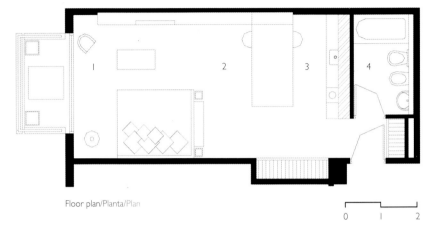

Floor plan/Planta/Plan

0   1   2

1. Living room/Sala de estar/Salle de séjour
2. Dining room/Comedor/Salle à manger
3. Kitchen/Cocina/Cuisine
4. Bathroom/Baño/Salle de bain

A large lacquered wood bookcase occupies one of the walls. Thanks to its numerous shelves and drawers, the space is not overburdened.

Una librería de madera lacada en blanco ocupa una de las paredes. Gracias a los numerosos estantes y cajones que incorpora, la estancia no queda sobrecargada.

Une bibliothèque en bois blanc laqué occupe l'un des murs. Grâce aux nombreuses étagères et tiroirs, la pièce ne se trouve pas surchargée.

Mini Home
Minihogar
Mini résidence

33 m²/355 sq ft

Toronto, Canada

Architect: Sustain Design Studio

Photography: Sustain Design Studio

Elegant and modern, the house includes all the mod cons of a conventional home. Moreover, ecological and sustainable materials were used in its design.

Elegante y moderna, la vivienda incorpora todas las comodidades de una casa convencional. Además, en su diseño se emplearon materiales ecológicos y sostenibles.

Elégante et moderne, cette résidence offre tout le confort d'une maison traditionnelle. Par ailleurs, des matériaux écologiques et durables ont été utilisés pour la conception de cet intérieur.

The house arrives at its destination completely furbished, with blinds, sideboards, foldaway tables, a sofa bed, a kitchen and fully-equipped bathrooms. It also has a complete electric installation.

La casa llega a su destino totalmente amueblada, con persianas, aparadores, mesas plegables, un sofá cama y una cocina y un baño completos. Incluye además toda la instalación eléctrica.

La maison arrive à destination totalement meublée, dotée de stores, de buffets, de tables pliantes, d'un canapé-lit, d'une cuisine et d'une salle de bain, complètement équipées. De plus, l'installation electrique est intégrée.

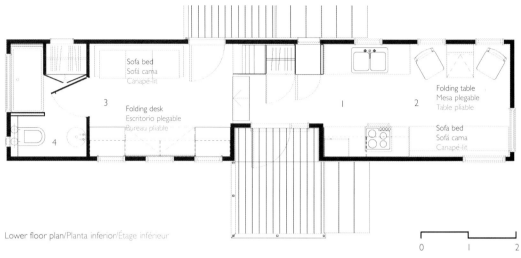

Lower floor plan/Planta inferior/Étage inférieur

1. Kitchen/Cocina/Cuisine
2. Dining room/Comedor/Salle à manger
3. Living room/Sala de estar/Salle de séjour
4. Bathroom/Baño/Salle de bain

The bedroom has been located over the kitchen in order to take advantage of the available height and enjoy certain space in the house.

Se ha situado el dormitorio sobre la cocina para aprovechar la altura disponible y disfrutar de cierta amplitud en la casa.

La chambre à coucher se situe au dessus de la cuisine afin d'optimiser au maximum la hauteur disponible et afin de bénéficier de tout l'espace qu'offre la maison.

This mini-house is easy to transport and can be installed anywhere. It is completely furnished and equipped and consumes fewer resources due to its size and design. The construction materials were chosen for their durability and easy cleaning, e.g. red cedar wood and steel sheets. In short, it is a modern, ecological and lasting home with reduced dimensions, no electricity bills and minimum maintenance expenses.

Esta minicasa es fácil de trasladar y puede instalarse en cualquier parte. Está completamente amueblada y equipada, y por su tamaño y diseño consume menos recursos. Los materiales de construcción se escogieron por su durabilidad y fácil limpieza, como la madera de cedro roja y las láminas de acero. En resumen, se trata de un hogar de dimensiones muy reducidas, moderno, ecológico y duradero, sin facturas de electricidad y con gastos de mantenimiento mínimos.

Cette mini-maison est facile à transporter et peut être installée dans n'importe quel lieu. Elle est complètement meublée et équipée : sa taille et sa conception impliquent une consommation moindre en ressources. Les matériaux de construction ont été choisis pour leur durabilité et leur facilité d'entretien, comme le bois de cèdre rouge et les lames en acier. En résumé, il s'agit d'un logement aux dimensions très petites, moderne, écologique et durable, sans aucune facture d'électricité et occasionnant très peu de dépenses liées à l'entretien.

Until now ecological designs were not always seductive; however the lines of this house are purely aesthetic.

Hasta ahora el diseño ecológico no siempre se proponía seducir; sin embargo las líneas de esta casa son puramente estéticas.

Jusqu'à maintenant, le design écologique n'a pas toujours réussi à séduire ; pourtant, les lignes de cette maison sont purement esthétiques.

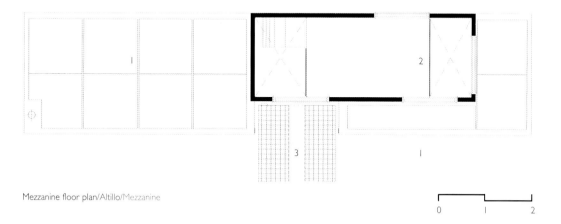

Mezzanine floor plan/Altillo/Mezzanine

0   1   2

1. Roof deck/Terraza de la cubierta/Toit terrasse
2. Loft/Loft/Loft
3. Solar panels/Paneles solares/Panneaux solaires

Converted Garage
Garaje Reformado
Garage Réformé

37 m²/ 399 sq ft

San Francisco, CA, United States

Architect: Jonathan Feldman

Photography: Paul Dyer

This loft, originally a double garage, only had an available surface area of 399 sq ft. In-depth alterations were made in order to adequate the space to the customer's requirements.

La superficie disponible para este loft, que anteriormente ocupaba un garaje de dos plazas, era de tan sólo 37 m². Hubo que realizar una profunda reforma para adecuar el espacio a las necesidades del cliente.

Jadis un garage pour deux voitures, la surface disponible de ce loft était seulement de 37 m². Une rénovation d'envergure a été nécessaire pour adapter cet espace aux besoins du client.

The owner, a retired businessman, now teaching in a primary school, wanted a functional and comfortable home with a spacious study for class preparation. The living room and office are on the ground floor and the bedroom is on a spacious mezzanine. A fully-equipped bathroom was installed at the bend in the stairs. The ground and upper floor are heated by a central gas heater.

El propietario, un ejecutivo jubilado que se dedica a la docencia en una escuela de primaria, quería una residencia funcional y confortable que dispusiera de un amplio estudio donde preparar sus clases. El salón y el despacho se encuentran en la planta baja, y el dormitorio ocupa un amplio altillo. A la altura del descansillo de la escalera se habilitó un cuarto de baño completo. Una estufa de gas central calienta la planta baja y el piso superior.

Le propriétaire, un cadre à la retraite qui enseigne dans une école primaire, souhaitait une résidence fonctionnelle et confortable, pouvant lui servir de grand bureau pour préparer ses cours. Le salon et le bureau se situent au rez-de-chaussée et la chambre à coucher est en mezzanine. Au niveau du palier de l'escalier, une salle de bain, complètement équipée, a été installée. Le rez-de-chaussée et l'étage sont chauffés grâce à un poêle central, alimenté au gaz.

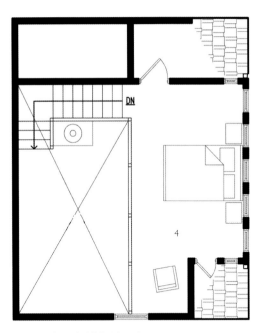

Mezzanine floor plan/Altillo/Mezzanine

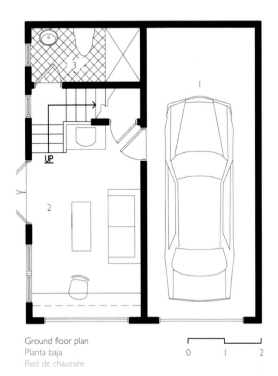

Ground floor plan
Planta baja
Red de chaussée

0   1   2

The study, especially designed for the owner, is made up of a desk and shelves. Translucent panels enable the light to pass through to the interior.

El escritorio y las estanterías componen el estudio diseñado especialmente para el propietario. Unos paneles translúcidos permiten que la luz penetre en el interior.

Le bureau, conçu spécialement pour le propriétaire, est équipé d'étagères et d'un secrétaire. Des panneaux translucides permettent à la lumière de pénétrer l'intérieur.

1. Garage/Garaje/Garage
2. Office/Oficina/Bureau
3. Bathroom/Baño/Salle de bain
4. Bedroom/Dormitorio/Chambre à coucher

The floor is made of Dura Palm, an ecological product made from palm tree bark with a bright and rich finish.

El suelo es de Dura Palm, un producto ecológico fabricado con corteza de palmera que presenta un acabado brillante y vistoso.

Le sol est recouvert de Dura Palm, un matériau écologique fabriqué avec de l'écorce de palmier, qui présente une finition brillante et intense.

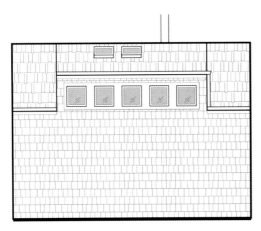

East elevation/Alzado este/Élévation est

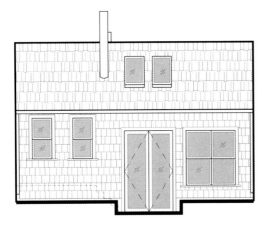

West elevation/Alzado oeste/Élévation ouest

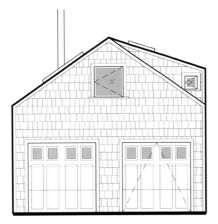

South elevation/Alzado sur/Élévation sud

0   1   2

The living room with a double height and skylights contributes towards the creation of a spacious and luminous home.

El salón de doble altura y los lucernarios crean una vivienda amplia y muy luminosa.

Le salon à deux niveaux et les grandes ouvertures permettent de créer un espace spacieux et très lumineux.

Loftcube

Loftcube

Loftcube

39 m²/420 sq ft

Mobile space

Architect: Studio Aisslinger

Photography: Steffen Jänicke Fotografie

This project was conceived especially for people who spend short periods of time in cities. Even so the architect designed it with a specific location in mind: the rooftops of Berlin.

Este proyecto fue ideado especialmente para aquellos que pasan estancias breves en una ciudad. Asimismo, el arquitecto lo diseñó pensando en una ubicación concreta: las azoteas de Berlín.

Ce projet a été conçu spécialement pour les personnes qui font de courts séjours en ville. C'est pourquoi l'architecte l'a réalisé en pensant à un emplacement concret : les terrasses de Berlin.

These pre-manufactured lofts with a high level of design can be installed in spaces that are not normally put to any use, and the roof tops of the German city are perfect. The Loftcube is light, allowing the terrace roof to withstand its weight, and it is manufactured with organic materials that insulate it from the cold, the heat and the rain. Its structure offers a great resistance to the wind and in the inside the four elemental areas (living room, bedroom, kitchen and bathroom) are perfectly differentiated.

Estos lofts prefabricados con diseño de gran calidad pueden instalarse en espacios desaprovechados, como las cubiertas de los edificios de la capital alemana. El Loftcube es ligero, de modo que las terrazas puedan resistir su peso, y está fabricado con materiales orgánicos que lo aíslan del frío, del calor y de la lluvia. Su estructura ofrece una gran resistencia al viento y en su interior las cuatro áreas principales —salón, dormitorio, cocina y baño— están perfectamente diferenciadas.

Ces lofts préfabriqués d'un haut design peuvent être installés dans des endroits jusqu'à présent inutilisés, les toits des immeubles de la capitale allemande s'avérant alors parfaitement appropriés. Le Loftcube est léger de manière à ce que les terrasses puissent résister à son poids, et il est conçu avec des matériaux organiques qui l'isolent du froid, de la chaleur et de la pluie. Sa structure offre une grande résistance au vent et à l'intérieur, les quatre espaces fondamentaux —le salon, la chambre à coucher, la cuisine et la salle de bain— sont parfaitement séparés.

The blinds and the panels enable the intensity of the light to be modified in the interior of the module. Likewise, the separation panels enable the configuration of the inner space according to necessities.

Las persianas y los paneles permiten modificar la intensidad de la luz en el interior del módulo. Asimismo, los paneles divisorios configuran el espacio interior según las necesidades.

Les stores et les panneaux permettent de régler l'intensité de la lumière à l'intérieur du module. Par ailleurs, les panneaux de séparation permettent de configurer l'espace intérieur au gré des besoins.

1. Living room/Sala de estar/Salle de séjour
2. Bedroom/Dormitorio/Chambre à couche
3. Bathroom/Baño/Salle de bain
4. Kitchen/Cocina/Cuisine

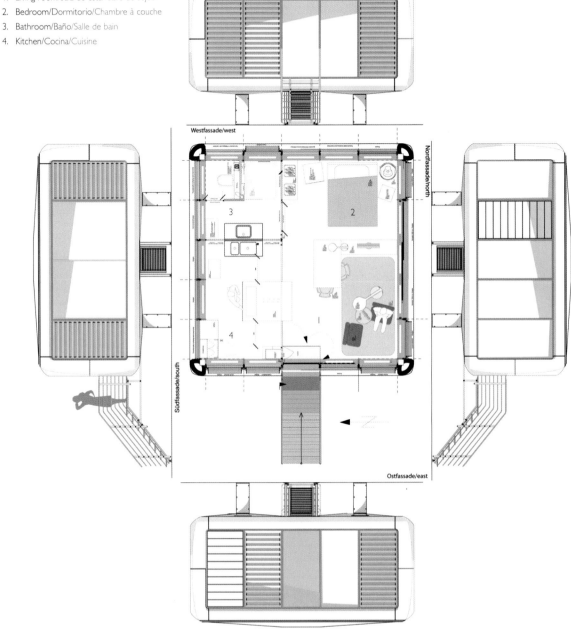

Westfassade/west

Nordfassade/north

Südfassade/south

Ostfassade/east

Floor plan and elevations/Planta y alzados/Plan et élévations

0   1   2

Straight lines, white and aluminium prevail in the design; the different textures of the materials define the interior.

Prevalecen en el diseño las líneas rectas, el blanco y el aluminio; las diferentes texturas de los materiales definen el interior.

Ce design privilégie les lignes droites, le blanc et l'aluminium. Les différentes textures des matériaux définissent la conception de l'intérieur.

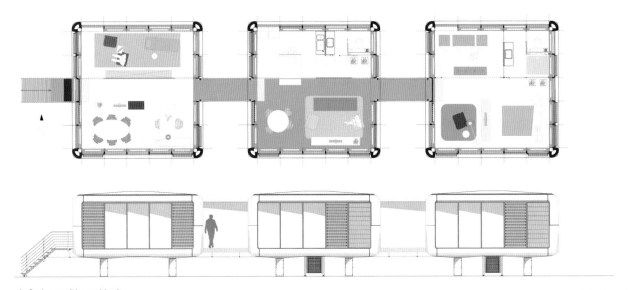

Loftcube possible combination

Ejemplo de combinación de módulos Loftcube

Combinaison possible du Loftcube

0   1   2

The panel that composes the shower and separates the bathroom from the bedroom incorporates a tap that can be manoeuvred from both sides.

El panel que compone la ducha y separa el baño del dormitorio incorpora un grifo que puede ser maniobrado desde ambos lados.

Le panneau, qui sert de douche et qui sépare la salle de bain de la chambre à coucher, est équipé d'un robinet utilisable des deux côtés.

North House
Casa North
Maison North

44 m²/474 sq ft

Oklahoma City, OK, United States

Architects: Elliott & Associates Architects

Photography: Hedrich Blessing, Robert Shimer

This project consisted in renewing an early 20th century garage in a residential district of the city of Oklahoma. The small apartment owes its name to its old owner, the Indian photographer North Losey.

Este proyecto consistió en la rehabilitación de un garaje construido a principios del siglo XX en un barrio residencial de la ciudad de Oklahoma. El pequeño apartamento fue bautizado con el nombre de su antiguo propietario, el fotógrafo indio North Losey.

Ce projet consistait à réhabiliter un garage du début du XXème siècle, situé dans un quartier résidentiel de la ville d'Oklahoma. Le petit appartement doit son nom à son ancien propriétaire, le photographe indien North Losey.

The rungs of the exterior stairs (originally wood) were replaced by steel rungs and ascend to the crystal door.

Los peldaños de la escalera exterior (originariamente de madera) fueron sustituidos por rejillas de acero que conducen hasta la puerta de cristal.

Les marches de l'escalier extérieur (en bois à l'origine) ont été remplacées par des grilles d'acier qui mènent jusqu'à la porte en verre.

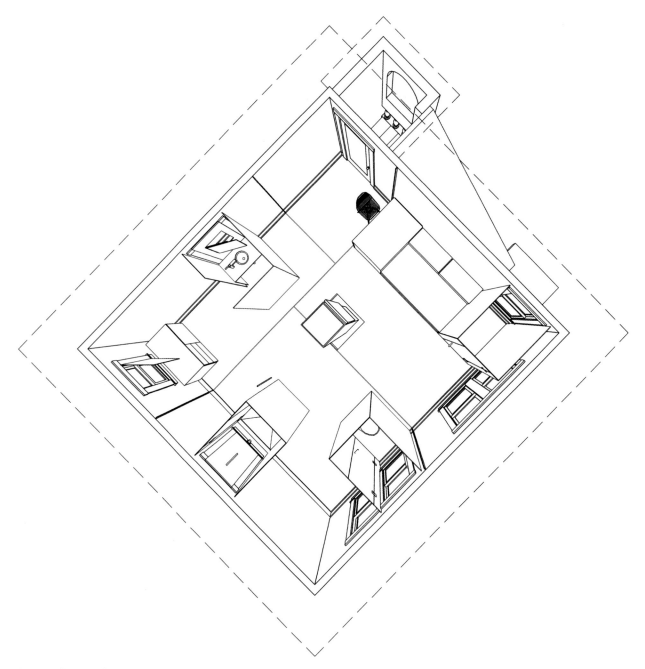

Perspective/Perspectiva/Perspective

There is a column in the centre, probably an old conduit, with a blackboard over one of the sides where guests can scribble messages.

En el centro hay una columna, probablemente un antiguo conducto, con una pizarra sobre uno de sus lados para que los invitados puedan garabatear mensajes.

Au centre de la pièce, une colonne, probablement un ancien conduit, dotée d'une ardoise noire sur l'un de ses côtés, permet aux invités de gribouiller des messages.

Front elevation/Alzado anterior/Élévation frontale

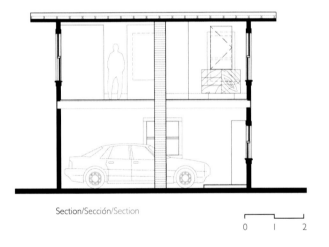

Section/Sección/Section

0   1   2

The apartment is divided into different areas separated by glass panels that enable the light to pass and create a spacious and luminous interior.

El apartamento está dividido en distintas áreas separadas por paneles de cristal que permiten el paso de la luz y crean un interior amplio y luminoso.

L'appartement se divise en différents espaces séparés par des panneaux en verre, qui permettent le passage de la lumière et qui créent un intérieur spacieux et lumineux.

Built in the early 1920s, the apartment occupies the back part of an Italian mansion which now belongs to the artist's granddaughter. What used to be the maid's room was transformed into a space of almost monastic purity. One has the sensation that the floor, the roof and the walls could disintegrate leaving the light as the only inhabitant of the space. According to the architect it is «a place to feel at peace with oneself».

Construido a principios de 1920, el piso ocupa la parte posterior de una mansión italiana que en la actualidad pertenece a la nieta del artista. Lo que en el pasado había sido el cuarto de la empleada doméstica fue transformado en un espacio de una simplicidad y pureza casi monásticas. Parece como si el suelo, el techo y las paredes se diluyeran y la luz se convirtiera en el único habitante del espacio. Según el arquitecto, se trata de «un lugar para reencontrase con la paz».

Construit au début des années 1920, l'appartement occupe la partie arrière d'une demeure italienne qui appartient actuellement à la petite fille du photographe. Ce qui par le passé servait de chambre de domestique, a été transformé en un espace simple et pure, d'un style presque monastique. Le sol, le toit et les murs semblent se désintégrer et la lumière devient l'unique occupante de cet espace. Selon l'architecte, c'est «un lieu pour retrouver la paix».

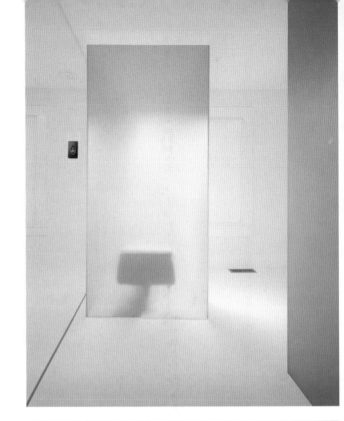

Penthouse
Ático
Attique

45 m²/485 sq ft

Paris, France

Architect: Thierry Monge

Photography: Charly Erwin, Remy Arbeau

This attic has two terraces situated in the east and west façades that offer interesting views over the streets of the French capital and a quiet interior garden.

Este ático tiene dos terrazas situadas en las fachadas este y oeste que ofrecen interesantes vistas a las calles de la capital francesa y a un tranquilo jardín interior.

Cet attique dispose de deux terrasses situées au niveau des façades est et ouest offrant des vues imprenables sur les rues de la capitale française et sur un agréable jardin intérieur.

Two garden terraces expand the interior space and create a luminous and calm atmosphere in the urban center of Paris.

Las dos terrazas ajardinadas amplían el espacio interior y crean un ambiente tranquilo y luminoso en el bullicioso centro urbano de París.

Deux terrasses jardinées augmentent l'espace intérieur et créent une atmosphère lumineuse et calme en plein centre de Paris.

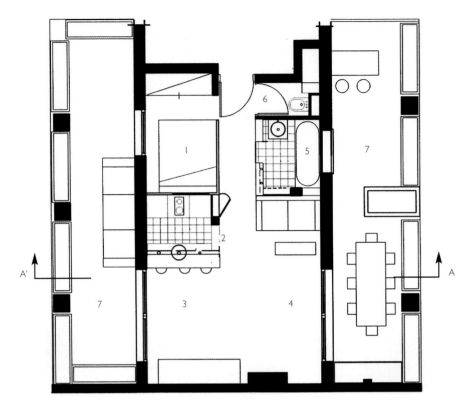

Plan/Planta/Plan

1. Bedroom/Dormitorio/Chambre à coucher
2. Kitchen/Cocina/Cuisine
3. Dining room/Comedor/Salle á manger
4. Living room/Sala de estar/Salle de séjour
5. Bathroom/Baño/Salle de bain
6. Toilet/Lavabo/Salle d'eau
7. Terrace/Terraza/Terrasse

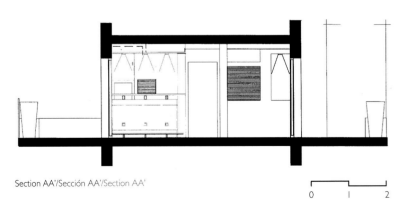

Section AA'/Sección AA'/Section AA'

0   1   2

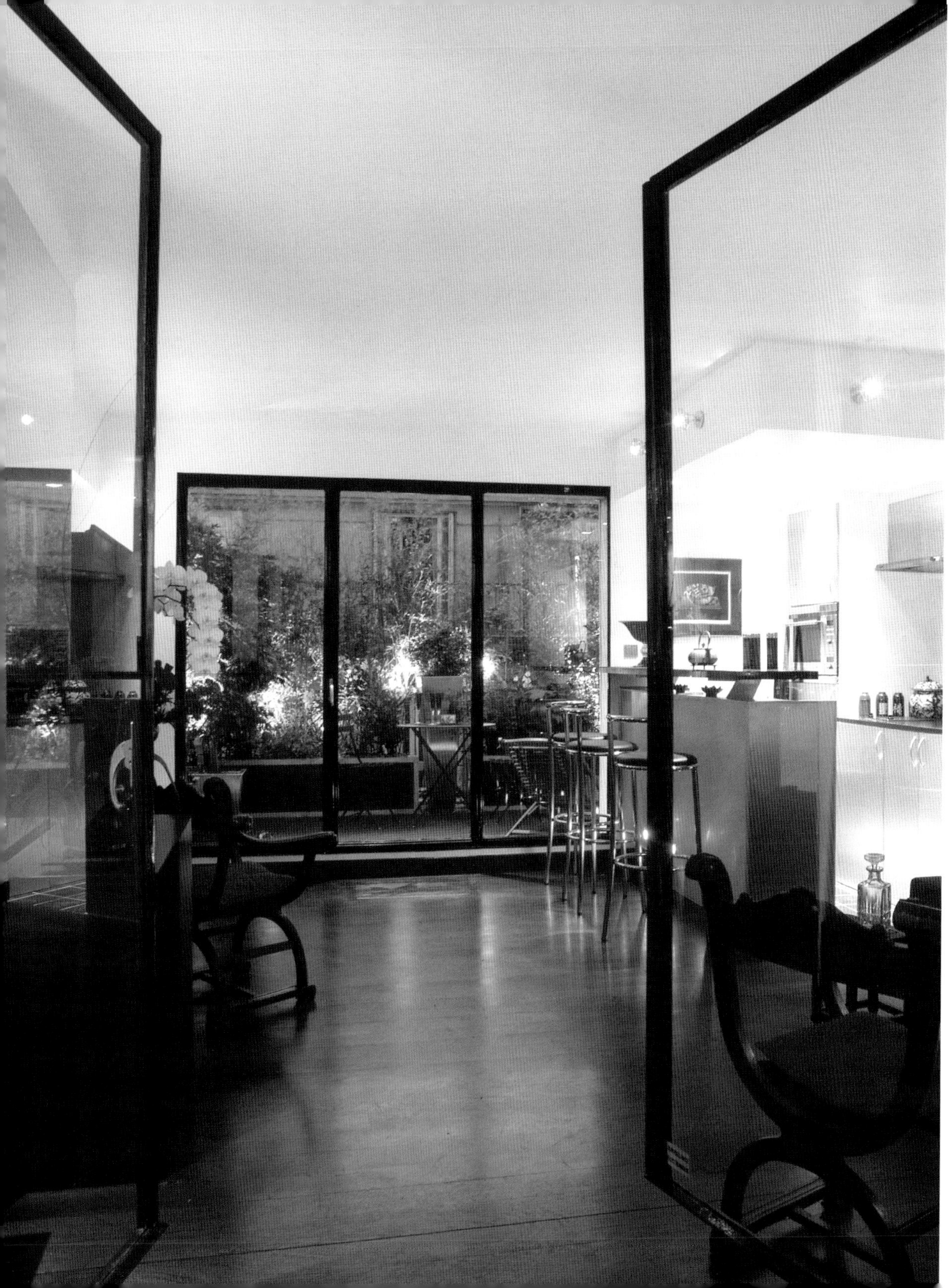

This small home was redesigned in order to optimise the spaces and combine comfort and aesthetics. The owner's passion for Zen philosophy is reflected in the overall harmony and the simplicity of the lines, the structure and the decoration. The installation of indirect lighting, with neutral hues on the walls, ceilings and furniture, creates a tranquil atmosphere. The architect chose wood and metal as predominant material.

La remodelación de esta pequeña vivienda permitió optimizar los espacios, combinando a la vez comodidad y estética. La especial predilección del propietario por la filosofía zen se refleja en la simplicidad de líneas, el equilibrio y la sencillez en la estructura y la decoración. La instalación de luces indirectas y los tonos neutros de paredes, techos y mobiliario crean una atmósfera tranquila. El arquitecto escogió la madera y el metal como principales materiales.

La rénovation de ce petit logement a permis d'optimiser les espaces en associant à la fois confort et esthétique. Le goût tout particulier du propriétaire pour la philosophie zen se reflète dans la simplicité des lignes, dans l'équilibre et dans la simplicité de la structure et de la décoration. L'installation de lumières indirectes, associées aux tons neutres des murs, des toits et du mobilier, permet de créer une atmosphère paisible. L'architecte a choisi le bois et le métal comme matériaux principaux.

The furniture and decorative objects are functional and are arranged in such a way that circulation is not impeded.

Los muebles y los objetos decorativos son funcionales y están dispuestos de tal modo que no obstaculizan la circulación.

Les meubles et les objets de décoration sont fonctionnels et sont disposés de manière à ne pas gêner le passage.

Wood is always a great finish, which gives the bathroom a touch of elegance and warmth.

La madera es el material perfecto para dotar de elegancia y calidez el cuarto de baño.

Le bois est un élement qui donne à la salle de bain une certaine élegance et chaleur.

Light and bright colors are the protagonists of this contemporary home. Grey and silver details counterbalance the overall design.

Una abundante luz y una acertada elección del rojo como color protagonista definen esta vivienda moderna. Los detalles en gris y en metal equilibran el conjunto.

Une abondante lumière et une bonne sélection de couleurs définissent cet appartement moderne. Des accents gris et métalliques equilibrent l'ensemble.

Colour Collage
Collage de Colores
Collage de Couleurs

45 m²/485 sq ft

Buenos Aires, Argentina

Design: Florencia Melamed/Capital

Diseño y Objetos

Photography: Juan Hitters

This apartment combines certain interesting characteristics. It has a privileged location in one of the most fashionable districts of the Argentinean capital and has abundant light and an excellent distribution.

Este apartamento reúne ciertas características interesantes; además de una ubicación privilegiada en uno de los barrios de moda de la capital argentina, disfruta de abundante luz y tiene una distribución excelente.

Cet appartement réunit certaines caractéristiques intéressantes ; en plus d'une situation privilégiée dans l'un des quartiers les plus en vogue de la capitale argentine, il bénéficie d'une lumière abondante et d'un excellent agencement.

Patchwork cushions have been placed on the velvet sofa in citric hues. Beside the sofa, a grey medium-density fibreboard cube acts as a side table.

Sobre el sofá se colocaron unos almohadones de patchwork de terciopelo en tonos cítricos. Junto a él, un cubo de fibrofácil gris actúa como mesita.

Sur le canapé, ont été disposés des coussins patchwork en velours dans des tons d'agrumes. Près du canapé, un cube gris en MDF sert de table basse.

This small home did not require great improvements, which is why the intervention focused on the decoration. One of the most significant changes consisted of integrating the kitchen in the living room by installing a corbel in an opening in the wall. The carpet was replaced by beech floating parquet and the decoration was minimum, with a design of clean-cut, straight lines with white as the predominant colour. The notes of colour provide freshness and a juvenile air to the ensemble.

Esta pequeña vivienda no requería grandes reformas, por lo que la intervención se centró en la decoración. Uno de los cambios más significativos consistió en la integración de la cocina en el salón mediante una abertura en la pared, en la que se colocó una repisa. Se sustituyó la moqueta por parquet flotante de haya y se optó por una decoración con pocos elementos y un diseño de líneas puras y rectas en el que predomina el blanco. Las notas de color aportan frescura y un aire juvenil al conjunto.

Ce petit appartement n'impliquait pas de rénovations d'envergure, c'est pourquoi les modifications effectuées concernent surtout la décoration. L'intégration de la cuisine au salon, grâce à une ouverture dans le mur, est un des changements les plus significatifs. A cet endroit, une console a été installée. La moquette a été remplacée par du parquet flottant en hêtre. Une décoration simple, dominée par la couleur blanche, avec peu d'éléments et des lignes pures et droites, a été adoptée. Les notes de couleurs apportent de la fraîcheur et un air de jeunesse à l'ensemble.

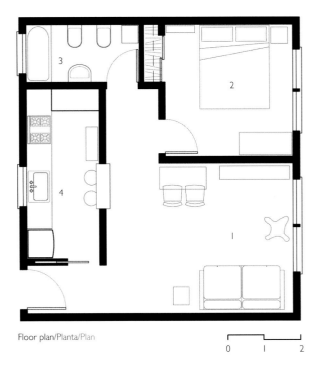

Floor plan/Planta/Plan

0   1   2

1. Living dining/Comedor y sala de estar/Salle à manger-séjour
2. Bedroom/Dormitorio/Chambre à coucher
3. Bathroom/Baño/Salle de bain
4. Kitchen/Cocina/Cuisine

A cotton rug and a piece of furniture for audio-visuals, made of white and orange lacquered wood, provide warmth to the ensemble.

Una alfombra de algodón y un mueble de audio y vídeo, de madera lacada con pintura blanca y naranja, aportan calidez al conjunto.

Un tapis en coton et un meuble audio-vidéo en bois laqué peint en blanc et orange, donnent de la chaleur à la pièce.

The original design of the bathroom was respected, except for the ceramic glazed tiles which were hidden beneath multicoloured clay tiles. The lacquered cupboard is used to store towels and personal items.

Se conservó el diseño original del baño, salvo por unos azulejos que se ocultaron con gresite de distintos colores. El mueble lacado permite almacenar las toallas y los artículos de aseo personal.

Le design de la salle de bain a été conservé, excepté quelques carreaux qui ont été masqués par des carreaux en grès multicolores. Le meuble laqué permet de ranger des serviettes et des effets personnels.

Cosmopolitan Apartment
Apartamento Cosmopolita
Appartement Cosmopolitain

45 m²/485 sq ft

Buenos Aires, Argentina

Architect: Milagros Loitegui

Photography: Daniela Mac Adden

A series of structural alterations were made to this 1980s two-bedroom apartment to transform it into a modern and cosy house-studio with a cosmopolitan decoration.

Tras realizar varias reformas estructurales, este apartamento de los años ochenta, que originariamente tenía dos dormitorios, se transformó en una casa estudio moderna y acogedora con una decoración cosmopolita.

Grâce à une série de rénovations au niveau de la structure, cet appartement des années quatre-vingt, qui à l'origine comptait deux chambres à coucher, a été transformé en maison-bureau moderne et accueillante, dotée d'une décoration cosmopolite.

The chromatic scheme, the furniture and the decoration visibly separate the study from the living room.

El juego cromático, el mobiliario y la decoración separan visualmente el estudio del salón.

Le jeu chromatique, le mobilier et la décoration séparent visuellement le bureau du salon.

The distribution of the home was modified to create a multifunctional space. The partitions that divided one of the bedrooms, the living room and the kitchen were eliminated, thereby generating an open space. The palette of colours (white, black and Bordeaux) and the furniture in straight lines define this contemporary design home. Without doubt, one of the best decisions of the project was the conception of the architecture and decoration as one unit.

Se modificó la distribución de la vivienda para crear un espacio multifuncional. En la reforma se eliminaron los tabiques que dividían uno de los dormitorios, el salón y la cocina, lo que generó un espacio diáfano. La paleta de colores, compuesta por blanco, negro y rojo burdeos, y los muebles de líneas rectas definen esta vivienda de diseño contemporáneo. Sin duda, uno de los aciertos del proyecto fue concebir la arquitectura y la decoración como una unidad.

La distribution de l'appartement a été modifiée afin de créer un espace multifonctionnel. Lors de la rénovation, les cloisons qui séparaient l'une des chambres à coucher, le salon et la cuisine ont été détruites, créant ainsi un espace diaphane. La palette de couleurs, composée de blanc, de noir et de bordeaux, ainsi que les meubles rectilignes, caractérisent cet appartement de style contemporain. Il est certain que l'une des réussites du projet résulte de la conjugaison de l'architecture et de la décoration.

The study-dining room is one of the most unique rooms. In a corner the bookshelves frame a wall painted in bright Bordeaux.

El estudio comedor es una de las estancias más singulares. Haciendo esquina, la librería enmarca una pared pintada de un rojo burdeos brillante.

Le bureau-salle à manger est l'une des pièces les plus singulières. Dans un coin de la pièce, la bibliothèque encadre un mur peint en bordeaux brillant.

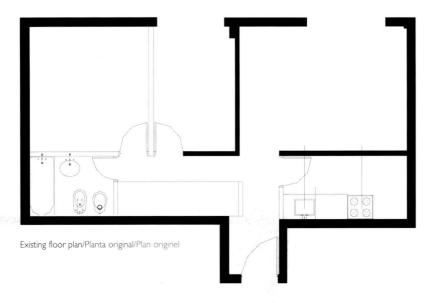

Existing floor plan/Planta original/Plan originel

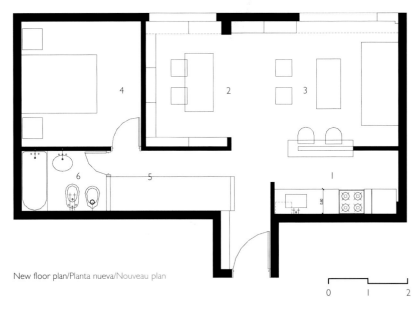

New floor plan/Planta nueva/Nouveau plan

0   1   2

1. Kitchen/Cocina/Cuisine
2. Dining room/Comedor/Salle à manger
3. Living room/Sala de estar/Salle de séjour
4. Bedroom/Dormitorio/Chambre à coucher
5. Dressing room/Vestidor/Dressing
6. Bathroom/Baño/Salle de bain

The collocation of an antique screen as headboard for the bed makes the bedroom one of the most original rooms of the apartment.

Gracias a la colocación de un antiguo biombo como cabezal de la cama, el dormitorio es una de las estancias más originales del apartamento.

Grâce à l'installation d'un ancien paravent comme tête de lit, la chambre à coucher devient l'une des pièces les plus originales de l'appartement.

Converted Attic
Ático Reformado
Attique Réformé

49 m²/528 sq ft

San Francisco, CA, United States

Architect: Feldman Architecture

Photography: Paul Dyer

This small attic located over an old arts and crafts workshop was extended in order to create a home with a study for the owner, a landscape architect.

Este pequeño ático, situado sobre un antiguo taller de artes y oficios, fue ampliado para crear una vivienda con estudio para su propietario, un arquitecto paisajista.

Cet attique, situé au dessus d'un ancien atelier d'art et métiers, a été agrandi afin de créer un logement équipé d'un bureau pour son propriétaire, un architecte paysagiste.

A small patio has been decorated with plants and outdoor furniture, where one can enjoy the fresh air and views over the city.

Se decoró la pequeña terraza con macetas y mobiliario exterior de madera. Desde ésta puede disfrutarse del aire libre y de vistas a la ciudad.

La petite terrasse, où l'on peut profiter de l'air libre et des vues de la ville, a été décorée avec des pots de fleurs et du mobilier de jardin en bois.

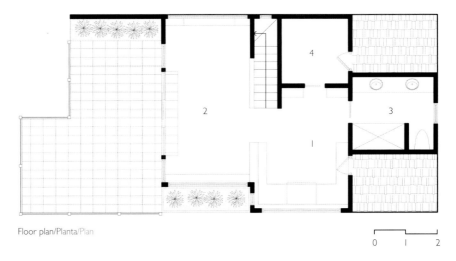

Floor plan/Planta/Plan

0   1   2

1. Studio/Estudio/Studio
2. Living room/Sala de estar/Salle de séjour
3. Bathroom/Baño/Salle de bain
4. Storage room/Cuarto trastero/Débarras

One of the challenges of the project was to take advantage of the spaces located in the lowest part of the attic. The heavy wooden beams were replaced by steel bars and three skylights were installed which, together with the windows distributed throughout the home, allow abundant natural light to enter. Through the use of pale and neutral colours such as beige, a warm and serene atmosphere is created. The decoration enables the office to be integrated within the home.

Uno de los desafíos del proyecto fue conseguir un óptimo aprovechamiento de los espacios situados en la parte más baja de la cubierta a dos aguas. Se sustituyeron las pesadas vigas de madera por unas barras de acero y se instalaron tres claraboyas que, junto con las ventanas distribuidas por toda la vivienda, abastecen de abundante luz el interior. Mediante el empleo de tonos claros y neutros como el beige, que crean una atmósfera cálida y serena, la decoración permite integrar la oficina en el resto de la vivienda.

L'un des défis de ce projet a été de tirer au mieux parti des pièces situées dans les combles. Les grosses poutres en bois ont été remplacées par des barres en acier et trois lucarnes ont été insérées qui, associées aux autres fenêtres de la maison, assurent une grande luminosité. Grâce au choix de couleurs claires et neutres, le beige par exemple, la décoration permet d'intégrer le bureau au reste de la maison, ce qui crée une atmosphère chaleureuse et paisible.

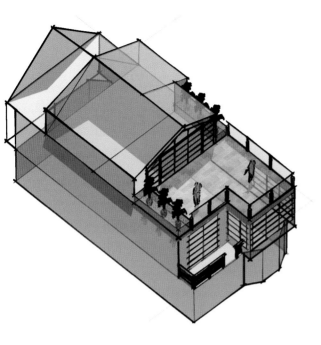

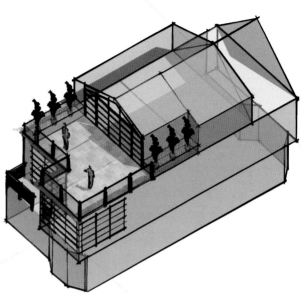

North elevation/Alzado norte/Élévation nord

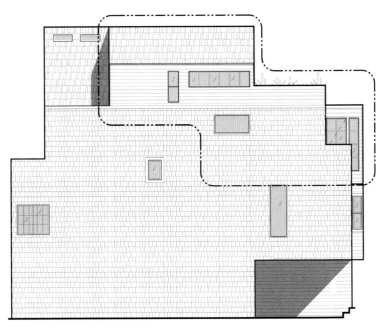

East elevation/Alzado este/Élévation est

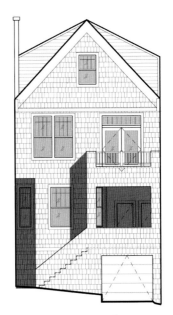

South elevation/Alzado sur/Élévation sud

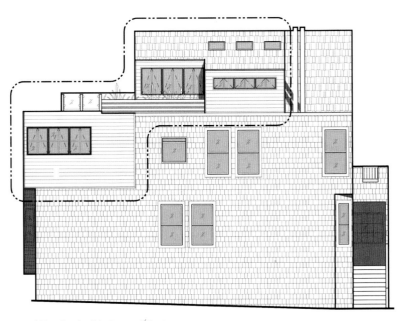

West elevation/Alzado oeste/Élévation ouest

0   1   2

The beams were replaced by five metallic bars that run from one end of the house to the other, creating an open volume with clean lines.

Las vigas fueron sustituidas por cinco barras metálicas que atraviesan la casa creando un volumen abierto con líneas limpias.

Les poutres ont été remplacées par cinq barres métalliques qui traversent la maison, créant ainsi un volume ouvert aux lignes épurées.

K-Box
K-Box
K-Box

60 m²/645 sq ft

Tokyo, Japan

Architect: Hirotaka Satoh

Photography: Hirotaka Satoh

K-Box is located on a narrow plot in a densely populated residential area of Tokyo. The new house had to accommodate the needs of a family of five, and provide a sense of privacy and a common space as the gathering point.

La residencia K-Box está ubicada en un solar muy estrecho de una densa zona residencial de Tokio. La nueva vivienda debía acomodar las necesidades de una familia de cinco miembros y proporcionar intimidad y un espacio social.

La maison K-Box est située sur un terrain très étroit d'une zone résidentielle dense de Tokyo. La nouvelle habitation devait convenir des nécessités d'une famille de cinq membres, fournissant une certaine intimité mais aussi un espace sociale.

The house is formed by two elongated volumes laid out along a central courtyard from which the upper level is accessed. The lower floor houses three bedrooms arranged along one side of the courtyard. This courtyard was conceived as a gathering point and as a symbol of the family ties. On the upper floor, the kitchen, the living and dining room are connected via a walkway to a roof terrace hidden from view by a lattice.

La vivienda está compuesta por dos largos volúmenes separados por un patio interior desde el que se accede a los diferentes pisos. La planta baja alberga tres habitaciones distribuidas a lo largo del patio central, cada una de ellas con acceso independiente para disfrutar de mayor intimidad. El patio central fue concebido como un punto de encuentro y un símbolo de los lazos familiares. En la planta superior, el salón, el comedor y la cocina están conectados mediante una pasarela y una terraza protegida por una celosía.

La résidence est composée de deux volumes en long, séparés par une cour intérieure depuis laquelle on accède aux différents niveaux. L'étage inférieur abrite trois pièces distribuées au long de la cour centrale, chacune d'elle ayant un accès indépendant dans un souci d'intimité. La cour cenytrale a été conçue comme point de rencontre et symbole des liens familiaux. A l'étage supérieur, le salon, la salle à manger et la cuisine sont connectés par une passerelle et une terrasse protégée par des jalousies.

Both the tall concrete walls and the lattice guarantee the privacy of the occupants.

Tanto los altos muros de hormigón como la celosía garantizan la intimidad de los ocupantes de la casa.

Tant les hauts murs de béton que les jalousies garantissent une certaine intimité aux occupants de la maison.

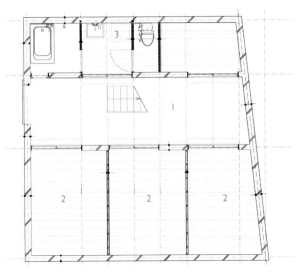

Ground floor plan/Planta baja/Rez de chaussée

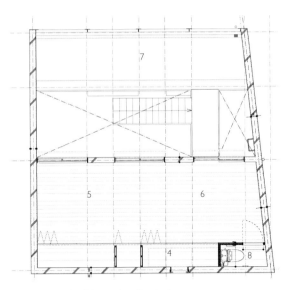

First floor plan/Primera planta/Premier étage

0   1   2

1. Courtyard/Patio interior/Cour intérieure
2. Bedroom/Dormitorio/Chambre à coucher
3. Bathroom/Baño/Salle de bain
4. Kitchen/Cocina/Cuisine
5. Dining room/Comedor/Salle à manger
6. Living room/Sala de estar/Salle de séjour
7. Terrace/Terraza/Terrasse
8. Toilet/Lavabo/Salle d'eau

The limited height of the volume, whose roof is used as a terrace, allows for natural light to reach the ground floor.

La escasa altura del volumen, cuya terraza está situada en la cubierta, permite que la luz natural llegue hasta la planta baja.

Le peu de hauteur du volume, dont la terrasse est située sur le toit, permet que la lumière entre jusqu'à l'étage inférieur.

On the upper floor, the kitchen is concealed behind folding panels.

En la planta superior, la cocina se encuentra oculta detrás de unos paneles deslizantes.

À l'étage supérieur, la cuisine est dissimulée derrière des panneaux amovibles.

Vibrant

Vibrante

Vibrant

55 m²/592 sq ft

Buenos Aires, Argentina

Designer: Jessica Musri/Capital

Diseño y Objetos

Photography: Maria Echave

The lovely view over the River Plata creates a perfect framework for this 592 sq ft apartment. The existing distribution was maintained and it was only necessary to change the decoration and make small changes.

Las hermosas vistas al río de la Plata constituyen el marco perfecto para este apartamento de 55 m². Se mantuvo la distribución original y tan sólo fue necesario cambiar la decoración y realizar pequeñas reformas.

La jolie vue sur le fleuve de La Plata constitue le cadre enchanteur de cet appartement de 55 m². La distribution d'origine a été conservée, seule la décoration et de petites rénovations ont été nécessaires.

The kitchen, with views out to the terrace creates a pleasant and cozy atmosphere.

La cocina, con vistas a la terraza, ofrece un ambiente agradable y acogedor.

La cuisine, avec des vues sur la terrasse, crée una ambiance agreable et rassurante.

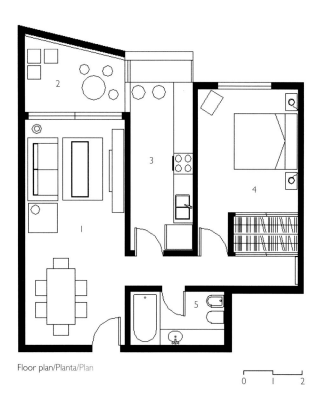

Floor plan/Planta/Plan

```
0   1   2
```

1. Living dining/Sala de estar y comedor/Salle à manger
2. Terrace/Terraza/Terrasse
3. Kitchen/Cocina/Cuisine
4. Bedroom/Dormitorio/Chambre à coucher
5. Bathroom/Baño/Salle de bain

The individual placemats and the crystal vases provide a note of colour to the cherry tree wooden table.

Los individuales de goma y los floreros de cristal aportan una nota de color a la mesa de madera de cerezo.

Les sets de table et les vases en verre apportent une note de couleur à la table en bois de cerisier.

The transformation of this apartment, formed by a living-dining room, a bathroom, a kitchen and a bedroom, begins with colour. Earth, orange and white tones were used and decorative items such as books and CDs added different hues. Coloured circles were painted in the bedroom in contrast to the white of the walls and the headboard, and the original bookcase and a white leather sofa stand out in the living room. A brown rug visually separates the living room from the dining room.

La transformación de este apartamento, formado por un salón comedor, un baño, una cocina y un dormitorio, comenzó por el color. Se trabajó con una paleta de tonos marrones, naranjas y blancos, y se añadieron matices mediante detalles decorativos, libros y CD. En el dormitorio los círculos de colores contrastan con el blanco de las paredes y del cabezal; en el salón destacan la librería, de diseño propio, y un sofá de cuero blanco. Una alfombra marrón separa visualmente el salón del comedor.

La couleur fut la première étape de la transformation de cet appartement qui est composé d'un salon-salle à manger, d'une salle de bain, d'une cuisine et d'une chambre à coucher. Le travail accompli a été effectué avec une palette de couleurs terre, orange et blanche. Les éléments décoratifs, les livres et les CD apportent des nuances supplémentaires. Dans la chambre à coucher, des cercles de couleurs ont été peints : ils contrastent avec la couleur blanche des murs et de la tête de lit. Dans le salon, la bibliothèque d'un style singulier et le canapé en cuir blanc attirent l'attention. Un tapis marron sépare visuellement le salon de la salle à manger.

The bedroom is a white cube with details in lively colours such as red, orange and fuchsia.

El dormitorio es un cubo blanco con detalles en colores vivos como el rojo, el naranja y el fucsia.

La chambre à coucher est un cube blanc, avec des détails aux couleurs vives comme le rouge, l'orange et le fuchsia.

Small Flat
Pequeño Apartamento
Petit Appartement

55 m²/592 sq ft

Buenos Aires, Argentina

Architect: Oyharzabal & Zanotti

Photography: Juan Hitters

One of the objectives of the redesign of this 1927 dwelling was to create a contemporary and dynamic atmosphere, studying the dimensions in great detail and redistributing the interior space.

Uno de los objetivos del proyecto de remodelación de esta vivienda construida en 1927 fue crear un ambiente contemporáneo y dinámico, estudiando minuciosamente las dimensiones y redistribuyendo el espacio interior.

L'un des objectifs du projet de rénovation de cet appartement, construit en 1927, a été de créer un espace contemporain et dynamique, en étudiant minutieusement les dimensions et en ré-agençant l'espace intérieur.

The views towards the interior patios have been modified without losing luminosity, thanks to the plants in the window boxes.

Se modificaron las vistas hacia los patios interiores, sin perder luminosidad, mediante la colocación de jardineras frente al ventanal.

Les plantes placées dans les jardinières situées devant les baies vitrées modifient la vue sur les cours intérieures, sans pour autant perdre de la luminosité.

The original distribution was modified to create a modern interior that would adapt to modern-day requirements. One of the most important interventions was the installation of an 26.25 ft by 9.5 ft window in galvanised iron and with a design of curved lines that floods the interior with natural light. A guillotine system of shutters with counterweights was installed and a small urban jungle was planted beyond the crystal to counteract the soulless view of buildings.

Se modificó la distribución original para crear un interior moderno que se adaptara a las necesidades actuales. Una de las intervenciones más importantes fue la instalación de un gran ventanal de 8 m de longitud y 2,90 m de altura realizado en hierro galvanizado y con un diseño de líneas curvas, que abastece de luz natural el interior. Se colocó un sistema de guillotina con contrapesos y, tras los vidrios, se plantó una pequeña selva urbana para contrarrestar la vista desangelada de los edificios.

L'agencement d'origine a été modifié afin de créer un intérieur moderne, adaptable aux besoins actuels. L'installation d'une grande baie vitrée de 8 m de long et de 2,90 m de hauteur, en fer galvanisé avec des lignes incurvées, a été l'une des modifications les plus importantes. Elle confère une grande luminosité à la pièce. Un système de guillotine à contrepoids a été aménagé, et derrière les vitres, une forêt miniature a été plantée pour contrebalancer la vue dénuée de charme des immeubles.

The living room walls have exceptional masonry shelves built into them. The books, vases and antique boxes add a note of colour to the ambience.

En el salón destacan los estantes de mampostería que se confunden con la pared. Los libros, floreros y antiguas cajas añaden una nota de color al ambiente.

Dans le salon, les étagères en béton qui se fondent dans le mur attirent l'attention. Les livres, les vases et les vieilles boîtes apportent une touche de couleur à la pièce.

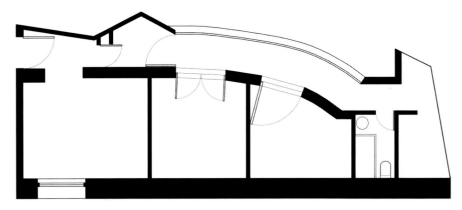

Existing floor plan/Planta original/Plan originel

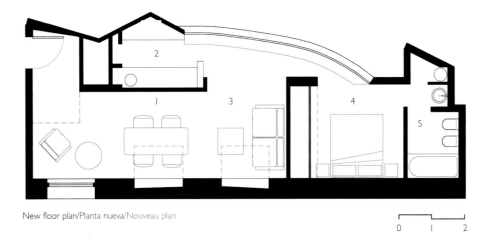

New floor plan/Planta nueva/Nouveau plan

0   1   2

1. Dining room/Comedor/Salle à manger
2. Kitchen/Cocina/Cuisine
3. Living room/Sala de estar/Salle de séjour

4. Bedroom/Dormitorio/Chambre à coucher
5. Bathroom/Baño/Salle de bain

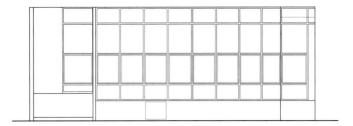

Detail elevation of window wall

Alzado del detalle de la pared acristalada

Detail de l'élévation de la baie vitrée

September 13th

13 de Septiembre

13 de Septembre

56 m²/602 sq ft

Mexico DF, Mexico

Architect: Higuera & Sánchez

Photography: Luis Gordoa

A thorough renovation has transformed an old building into a complex of small double-height dwellings. The patio forms part of the community area and provides access to the floors by means of bridges and stairs.

Una profunda rehabilitación ha transformado un antiguo edificio en un complejo de pequeñas viviendas de doble altura. El patio forma parte de la zona comunitaria y, a través de puentes y escaleras, permite acceder a los apartamentos.

Une rénovation d'envergure a transformé cet ancien immeuble en un complexe de petits appartements à deux niveaux. Depuis la cour intérieure commune, des passerelles et des escaliers permettent d'accéder aux appartements.

The combination of aluminium-panelled walls and bright colours offers a modern and industrial appearance, a normal style in small lofts.

La combinación de un revestimiento de aluminio y de colores brillantes confiere un aspecto moderno e industrial, característico de los lofts pequeños.

La combinaison du revêtement en aluminium et des couleurs brillantes donne une apparence moderne et industrielle à l'appartement, style caractéristique des lofts de petites tailles.

The exterior façades are covered with a fine layer of cement and with white and grey vinyl paint. The inner façades are covered with aluminium panels and the doors are of lacquered yellow. The entrance to the homes, a space for all the neighbours, is one of the most original areas of the building. The double-height spaces together with the decoration (wood and simple furnishings) contribute towards creating contemporary, open and elegant interiors.

Se cubrieron las fachadas exteriores con una capa fina de cemento y con pintura vinílica blanca y gris. Las fachadas interiores están revestidas con paneles de aluminio y las puertas son de color amarillo lacado. Las áreas de acceso a las viviendas, un espacio comunitario, son uno de los elementos más originales del edificio. Los espacios de doble altura, junto con la decoración –en la que destacan la madera y un mobiliario simple–, contribuyen a crear unos interiores contemporáneos, diáfanos y elegantes.

Les façades extérieures ont été recouvertes d'une fine couche de ciment et d'une peinture vinylique d'une couleur blanc-gris. Les murs intérieurs ont été revêtus de panneaux d'aluminium et les portes peintes avec un jaune laqué. Les espaces qui mènent aux appartement sont des lieux qui peuvent être partagés avec les voisins : cette caractéristique est l'une des plus originales de l'immeuble. Les espaces à deux niveaux, associés à une décoration caractérisée par le choix du bois et d'un mobilier simple, contribuent à créer des intérieurs contemporains, diaphanes et élégants.

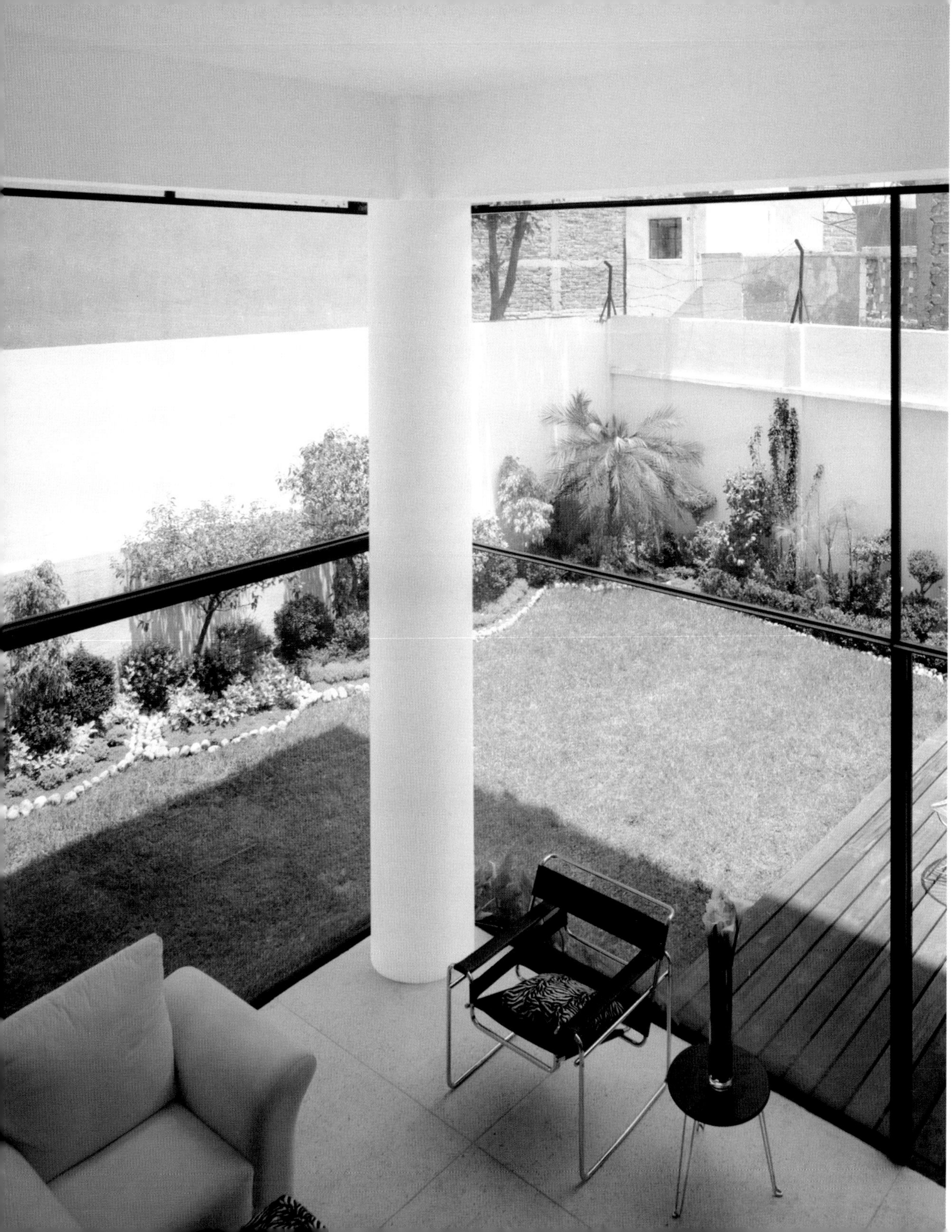

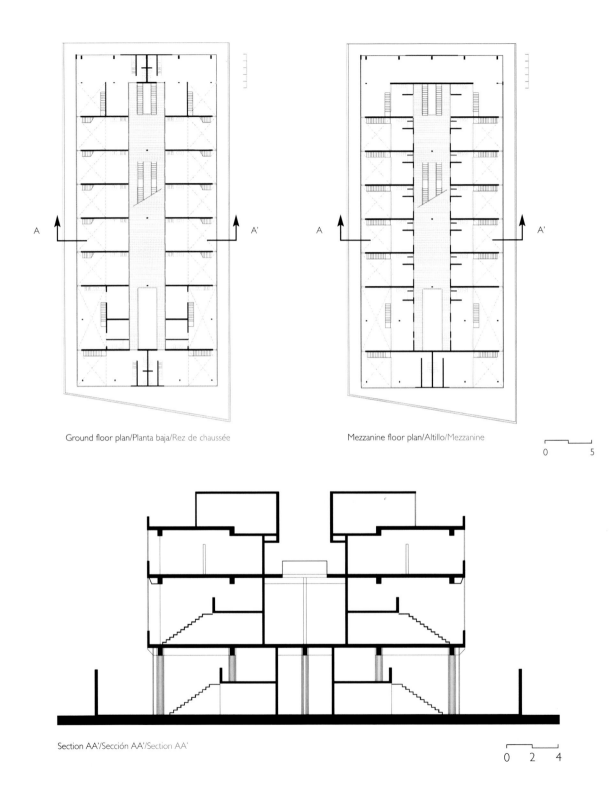

Ground floor plan/Planta baja/Rez de chaussée

Mezzanine floor plan/Altillo/Mezzanine

0   5

Section AA'/Sección AA'/Section AA'

0 2 4

The wide windows, located strategically in the rooms, provide clarity to the interior of the apartments.

Los amplios ventanales, situados estratégicamente en la sala de estar, proporcionan claridad al interior de los apartamentos.

Les grandes baies vitrées, placées de façon stratégique dans les pièces, permettent à la lumière de pénétrer à l'intérieur des appartements.

Campos Salles Building
Edificio Campo Salles
Immeuble Campo Salles

60 m²/645 sq ft

Buenos Aires, Argentina

Architect: López, Leyt, López, Yablon/Arquitectónika

Photography: José María Rivas Mansilla

The architectural project of this building of homes for young families prioritised social inter-reaction between neighbours and responsible contact with nature.

El proyecto de arquitectura de este edificio de viviendas destinado a familias jóvenes se centró en fomentar las relaciones sociales entre vecinos y el contacto responsable con la naturaleza.

Le projet architectural de cet immeuble, destiné aux jeunes familles, a privilégié la création de relations au sein du voisinage et le contact responsable avec la nature.

The homes are articulated around a central patio that imitates the structure of a Roman house.

Las viviendas se articulan alrededor de un patio central que reinterpreta la estructura de una casa romana.

Les logements s'articulent autour d'un patio central réorganisant la structure d'une maison romaine.

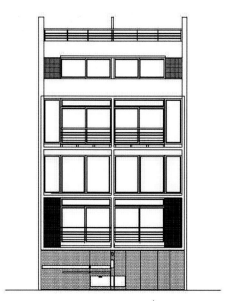

Front elevation/Alzado anterior/Élévation frontale

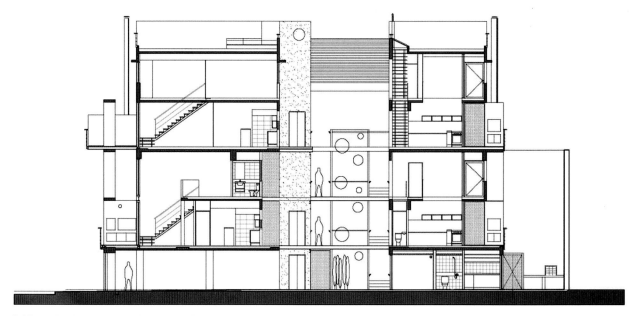

Building section through courtyard/Sección del edificio a través del patio interior/Coupe du bâtiment par la cour intérieure

0   2   4

The exterior walkways encourage communication between neighbours and create a more direct relation with the patio.

Las pasarelas exteriores potencian la comunicación entre vecinos y establecen una relación más directa con el patio.

Les passerelles extérieures favorisent la communication entre voisins et créent une relation plus directe avec le patio.

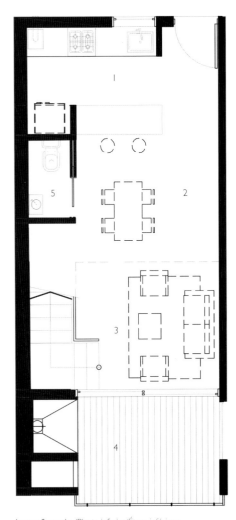

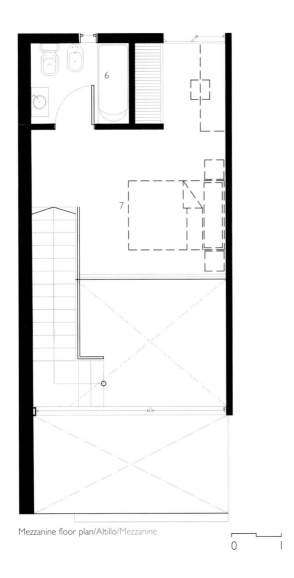

Lower floor plan/Planta inferior/Étage inférieur

Mezzanine floor plan/Altillo/Mezzanine

0   1

1. Kitchen/Cocina/Cuisine
2. Dining room/Comedor/Salle à manger
3. Living room/Sala de estar/Salle de séjour
4. Terrace/Terraza/Terrasse
5. Toilet/Lavabo/Salle d'eau
6. Bathroom/Baño/Salle de bain
7. Bedroom/Dormitorio/Chambre à coucher

153

The materials are low maintenance: visible concrete, aluminium carpentry, towelled cement floors and linings with textures.

Los materiales requieren un mantenimiento mínimo: hormigón visto, carpinterías de aluminio, suelos de cemento fratasado y revestimientos con textura.

Les matériaux sont faciles à entretenir : béton brut, charpente en aluminium, sol en ciment lissé et revêtement texturé.

This small building houses six family homes, all with patios or balconies. The architects reformulated the transition of the public to private space, constructing a gallery that leads to a central patio. The prototype apartment has a spacious room with illumination from the large window that opens onto the patio. The interior is luminous and has simple details; the kitchen is a small but functional space.

Este pequeño edificio presenta un programa de viviendas unifamiliares de seis unidades, todas ellas con terrazas o balcones. Los arquitectos reformularon el concepto de transición del espacio público al privado, construyendo una galería que conduce a un patio central. El apartamento tipo dispone de una amplia sala cuya iluminación proviene del gran ventanal que se abre a la terraza. El interior es luminoso y presenta detalles simples; la cocina es un espacio pequeño pero funcional.

Ce petit immeuble fait l'objet d'un programme pour des logements individuels de six unités, tous dotés de terrasses et de balcons. Les architectes ont repensé la transition de l'espace public vers l'espace privé, en construisant une galerie menant au patio central. L'appartement type comprend une pièce spacieuse éclairée par une grande baie donnant sur la terrasse. L'intérieur est lumineux et présente des détails simples ; la cuisine, malgré sa petite taille, se caractérise par sa fonctionnalité.

155

The kitchen, located at the entrance to the apartment, is a modern space that communicates with the dining area without creating a break in style.

La cocina, situada en la entrada del apartamento, es un espacio moderno que se comunica con la zona del comedor sin crear una ruptura en el estilo de diseño.

La cuisine, située au niveau de l'entrée de l'appartement, est un espace moderne qui communique avec la salle à manger, sans créer de rupture stylistique.

Thames 1859 Building
Edificio Thames 1859
Immeuble Thames 1859

60 m²/645 sq ft

Buenos Aires, Argentina

Architect: López, Leyt, López, Yablon/Arquitectónika

Photography: Luis Carlos Abregú

Located in the Palermo Viejo district, these small duplexes are characterised by a design that is based on Roman architecture.

Ubicado en el barrio de Palermo Viejo, estos pequeños dúplex se caracterizan por un diseño basado en la casa romana, lo que constituyó el punto de partida del proyecto.

Situés dans le quartier de Palermo Viejo, ces petits duplex se caractérisent par leur design, faisant référence au style de la maison romaine, qui est le point de départ de ce projet architectural.

The design of the building was developed from a contemporary language and an innovative aesthetic.

El diseño del edificio se desarrolló a partir de un lenguaje contemporáneo y una estética innovadora.

Le design de cet immeuble a été conçu à partir d'un langage contemporain et d'une esthétique novatrice.

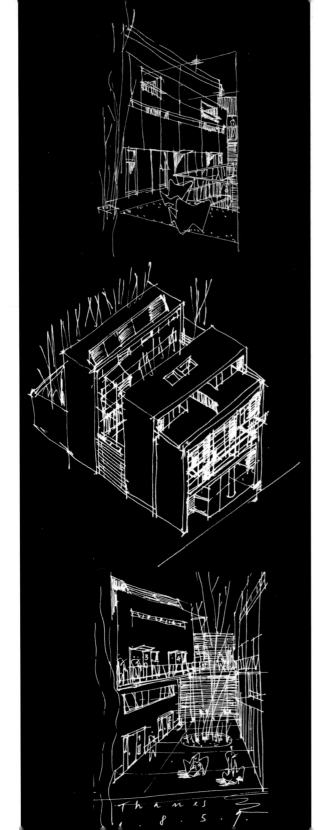

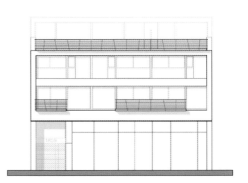

Front elevation/Alzado frontal/Élévation frontale

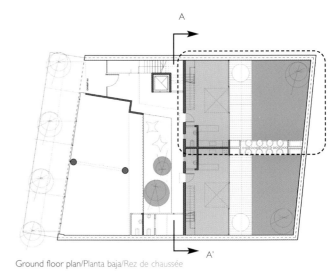

A

A'

Ground floor plan/Planta baja/Rez de chaussée

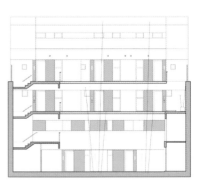

Section AA'/Sección AA'/Section AA'

0   5

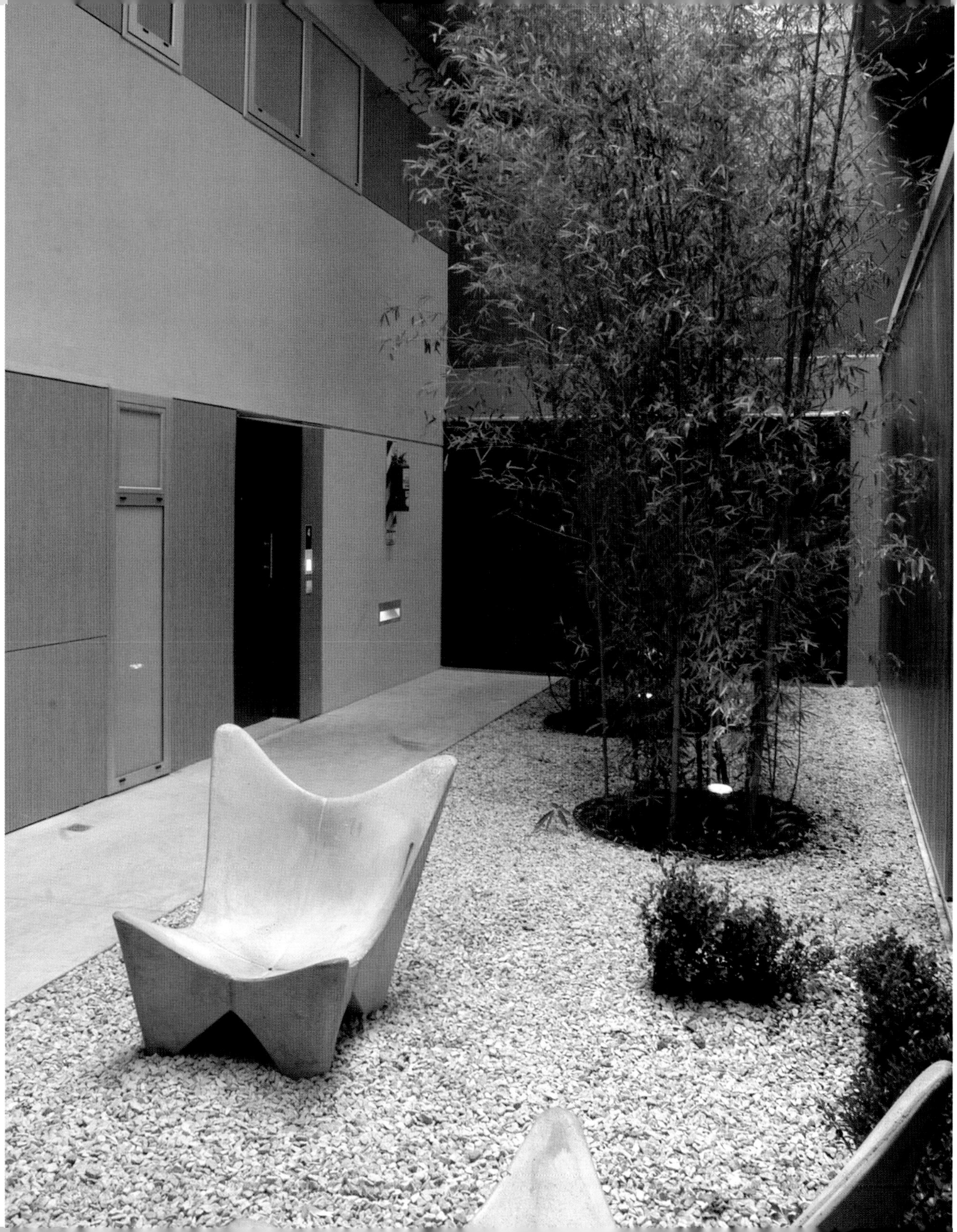

This building is composed of two apartment blocks, separated by an interior patio of semi-public use, which is the dominant element of the ensemble. The apartments open onto the ground floor garden and the rooms are distributed in such a way that the public areas (kitchen and living-dining rooms) are on the lower floor and the private areas (bedroom and bathroom) in the upper floor. The layout enables comfortable circulation and practical use of the spaces.

Este edificio está compuesto por dos bloques de viviendas separados por un patio interior de uso semipúblico, que es el protagonista del conjunto. Las viviendas se abren hacia el jardín, situado en la planta baja, y las estancias están distribuidas de tal modo que las áreas públicas (cocina comedor y salón integrados) se encuentran en la planta baja y las áreas privadas (dormitorio y baño), en el piso superior. Esta distribución permite una circulación cómoda y un uso práctico de los espacios.

Une cour intérieure semi commune structure l'ensemble de cet immeuble et sépare les deux blocs de logements. Les logements s'ouvrent sur le jardin situé au rez-de-chaussée et les pièces sont agencées de façon à ce que les parties communes (cuisine, salle à manger, et salon intégrés) se trouvent au rez-de-chaussée contrairement aux espaces privés (chambre à coucher et salle de bain) qui se situent à l'étage. Cet agencement permet une circulation pratique et une utilisation fonctionnelle des différents espaces.

The atmosphere is almost minimalist but is doted with warmth thanks to the colour scheme and the entrance of natural light.

El ambiente es casi minimalista pero está dotado de calidez gracias a la paleta cromática empleada y a la abundante luz natural.

Le cadre est presque minimaliste, mais chaleureux grâce à la palette chromatique utilisée et au passage de la lumière naturelle.

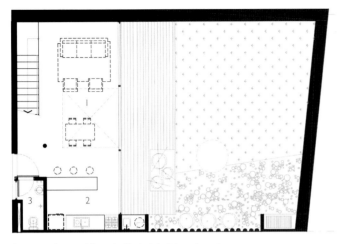

Appartment's ground floor plan/Planta baja del apartamento
Rez de chaussée de l'appartement

Appartment's mezzanine floor plan
Altillo del apartamento
Mezzanine de l'appartement

0   1   2

1. Living dining/Sala de estar y comedor/Salle à manger-séjour
2. Kitchen/Cocina/Cuisine
3. Toilet/Lavabo/Salle d'eau

4. Bedroom/Dormitorio/Chambre à coucher
5. Bathroom/Baño/Salle de bain

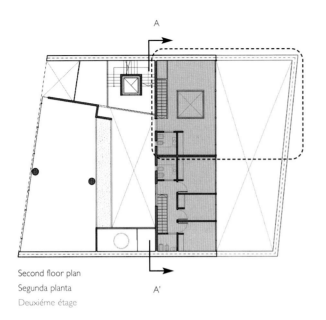

Second floor plan

Segunda planta

Deuxiéme étage

A

A'

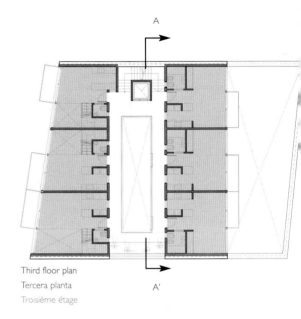

Third floor plan

Tercera planta

Troisième étage

A

A'

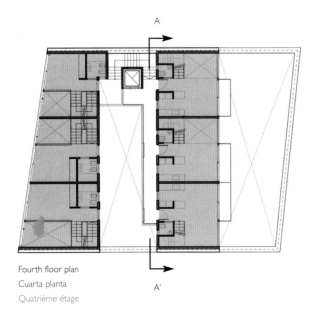

Fourth floor plan

Cuarta planta

Quatrième étage

A

A'

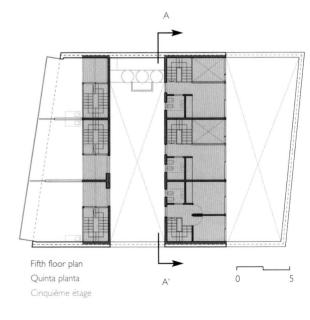

Fifth floor plan

Quinta planta

Cinquième étage

A

A'

0   5

Thames 1733 Building

Edificio Thames 1733

Immeuble Thames 1733

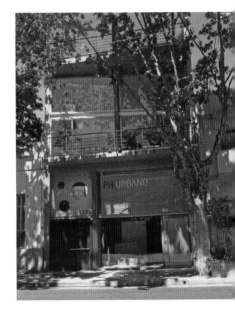

67 m²/721 sq ft

Buenos Aires, Argentina

Architect: López, Leyt, López, Yablon/Arquitectónika

Photography: Luis Carlos Abregú

The development of the commercial and leisure sector in the Palermo district encouraged the construction of homes with a meticulous design, with functional, spacious and luminous atmospheres, spaces with double height, a patio and a balcony.

El desarrollo del sector comercial y de ocio del barrio de Palermo propició la construcción de viviendas de un diseño muy cuidado, con ambientes funcionales, amplios y luminosos, espacios de doble altura, patio y terraza.

Le développement de la zone commerciale et de loisirs du quartier de Palermo a favorisé la construction de logements d'un design très soigné, dotés d'espaces fonctionnels, spacieux et lumineux, d'espaces à deux niveaux, d'un patio et d'une terrasse.

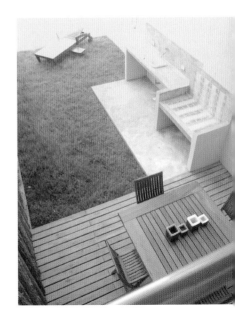

Part of the garden has been covered with wood to create an outdoor dining area. The tailor-made barbeque completes a perfect space for summer.

Se revistió parte del jardín con madera para crear un comedor exterior. La barbacoa de obra completa un espacio perfecto para disfrutar en verano.

Une partie du jardin a été recouverte de bois afin de créer une salle à manger extérieure. Le barbecue, construit dans ce jardin, complète ce lieu parfaitement adapté aux mois d'été.

In this free floor home, designed for young professionals, the areas of greater use are oriented towards the exterior. The duplex includes a 538 sq ft open-sky garden and the interior space is organised into two areas: the day zone in the lower floor and the 323 sq ft bedroom on the higher level. Thanks to a functional architecture a comfortable house was achieved that separates the private areas from the social areas.

En esta vivienda de planta libre, pensada para jóvenes profesionales, los espacios de mayor uso están orientados hacia el exterior. El dúplex incluye un jardín a cielo abierto de casi 50 m² y el espacio interior se distribuye en dos áreas: la zona de día, situada en el piso inferior, y el dormitorio de 30 m², en el nivel superior. Gracias a una arquitectura funcional, se consiguió una vivienda confortable donde los espacios privados y las zonas sociales están claramente diferenciados.

Dans ce logement diaphane et pensé pour des personnes jeunes et en activité, les espaces les plus utilisés sont orientés vers l'extérieur. Le duplex comprend un jardin à ciel ouvert de près de 50 m² et organise l'espace en deux parties : la zone de jour au rez-de-chaussée et la chambre à coucher de 30 m² à l'étage. Cette architecture fonctionnelle a permis de donner naissance à un logement confortable, où les espaces privés sont séparés des espaces sociaux.

The elegant lines of two classic 1929 Mies Van Der Rohe Barcelona chairs contribute to the decoration of the living room.

Dos sillas Barcelona de Mies Van Der Rohe (del clásico de 1929) decoran el salón gracias a sus elegantes líneas.

Deux fauteuils Barcelone de Mies Van Der Rohe (classique de 1929), aux lignes élégantes, décorent le salon.

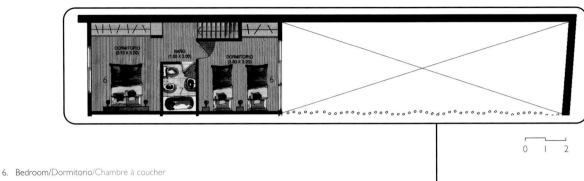

6. Bedroom/Dormitorio/Chambre à coucher
7. Bathroom/Baño/Salle de bain

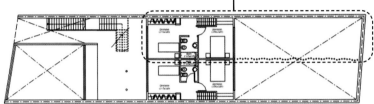

Mezzanine floor plan/Planta del altillo/Mezzanine

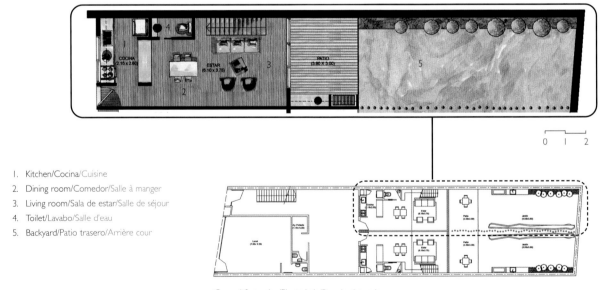

1. Kitchen/Cocina/Cuisine
2. Dining room/Comedor/Salle à manger
3. Living room/Sala de estar/Salle de séjour
4. Toilet/Lavabo/Salle d'eau
5. Backyard/Patio trasero/Arrière cour

Ground floor plan/Planta baja/Rez de chaussée

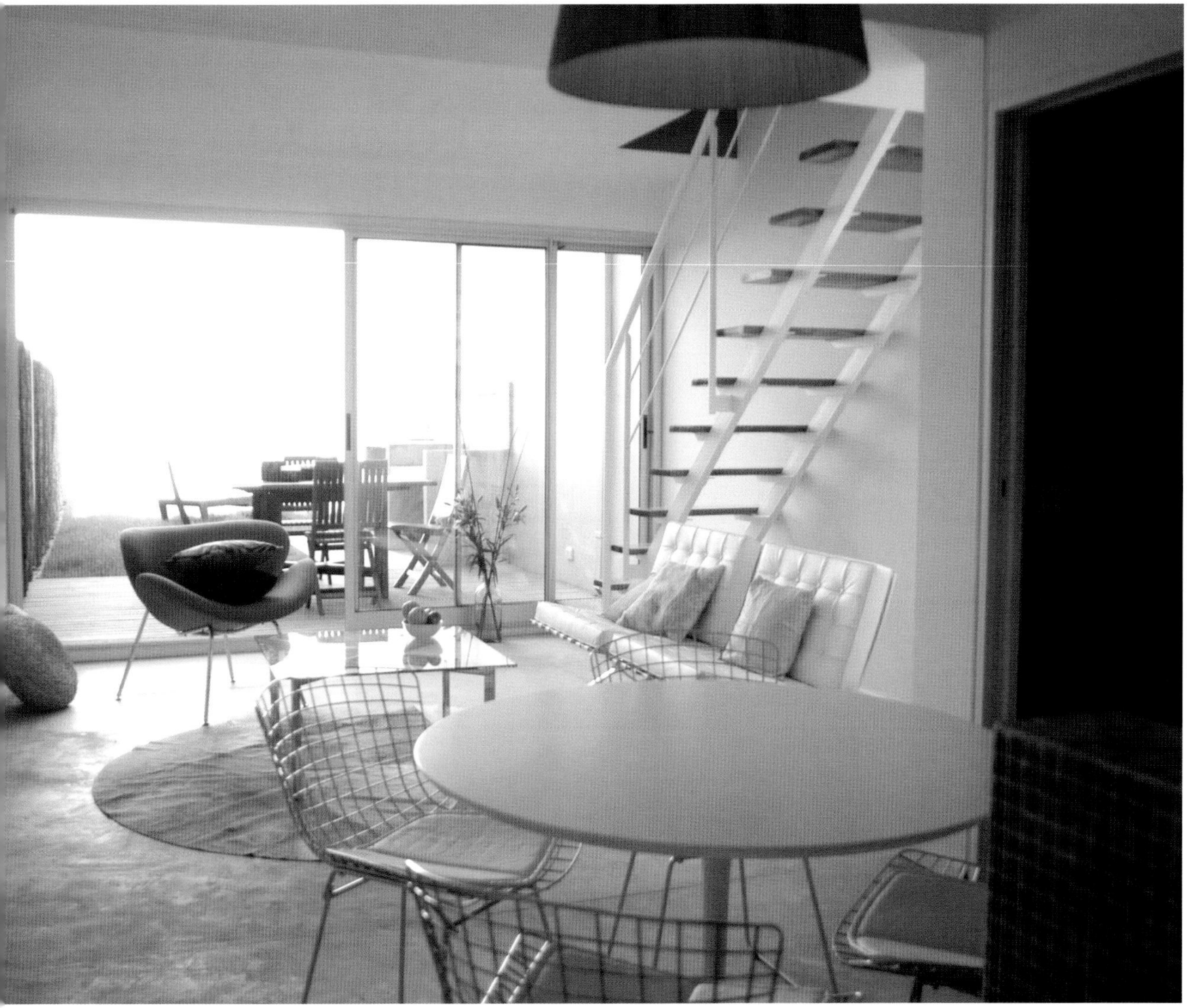

Alvarez Thomas Building

Edificio Alvarez Thomas

Inmeuble Alvarez Thomas

69 m²/743 sq ft

Buenos Aires, Argentina

Architect: López, Leyt, López, Yablon/Arquitectónika

Photography: José María Rivas Mansilla

The project consisted in the total renovation of the building, previously a secondary education centre, situated in front of the antiques market. The architecture marked the new use: a fully-equipped collective residence.

El proyecto consistió en la rehabilitación total del edificio, ubicado frente al mercado de antigüedades, y que anteriormente había sido un centro de educación secundaria. La arquitectura marcó el nuevo uso: vivienda colectiva con equipamiento.

Jadis un collège, cet immeuble situé en face du marché des antiquités a fait l'objet d'une réhabilitation complète. L'architecture a conditionné sa nouvelle vocation ; un logement collectif équipé.

The original building had four 10 feet-high floors which were reached by a covered patio that acted as an entrance.

El edificio original tenía cuatro pisos de más de tres metros y se accedía a él por medio de un patio cubierto que actuaba como distribuidor.

A l'origine, l'immeuble comptait seulement quatre étages de plus de trois mètres de hauteur. On y accédait par une cour intérieure couverte qui servait d'entrée.

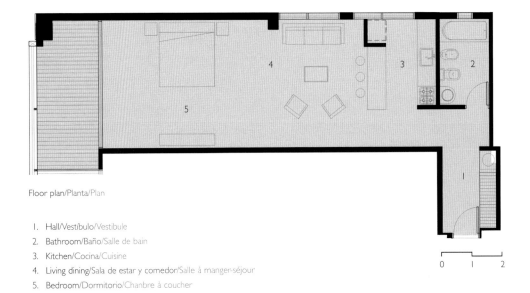

Floor plan/Planta/Plan

1. Hall/Vestíbulo/Vestibule
2. Bathroom/Baño/Salle de bain
3. Kitchen/Cocina/Cuisine
4. Living dining/Sala de estar y comedor/Salle à manger-séjour
5. Bedroom/Dormitorio/Chanbre à coucher

0   1   2

The living room furniture is composed of a Barcelona two-seater chair and an Orange Slice chair by Pierre Paulin, with a green leather cover.

El mobiliario del salón se compone de un sillón Barcelona de dos plazas y de la silla Orange Slice, de Pierre Paulin, con tapiz de cuero verde.

Le mobilier du salon se compose d'un fauteuil Barcelone pour deux personnes, de la chaise Orange Slice, conçue par Pierre Paulin, et d'un tapis en cuir vert.

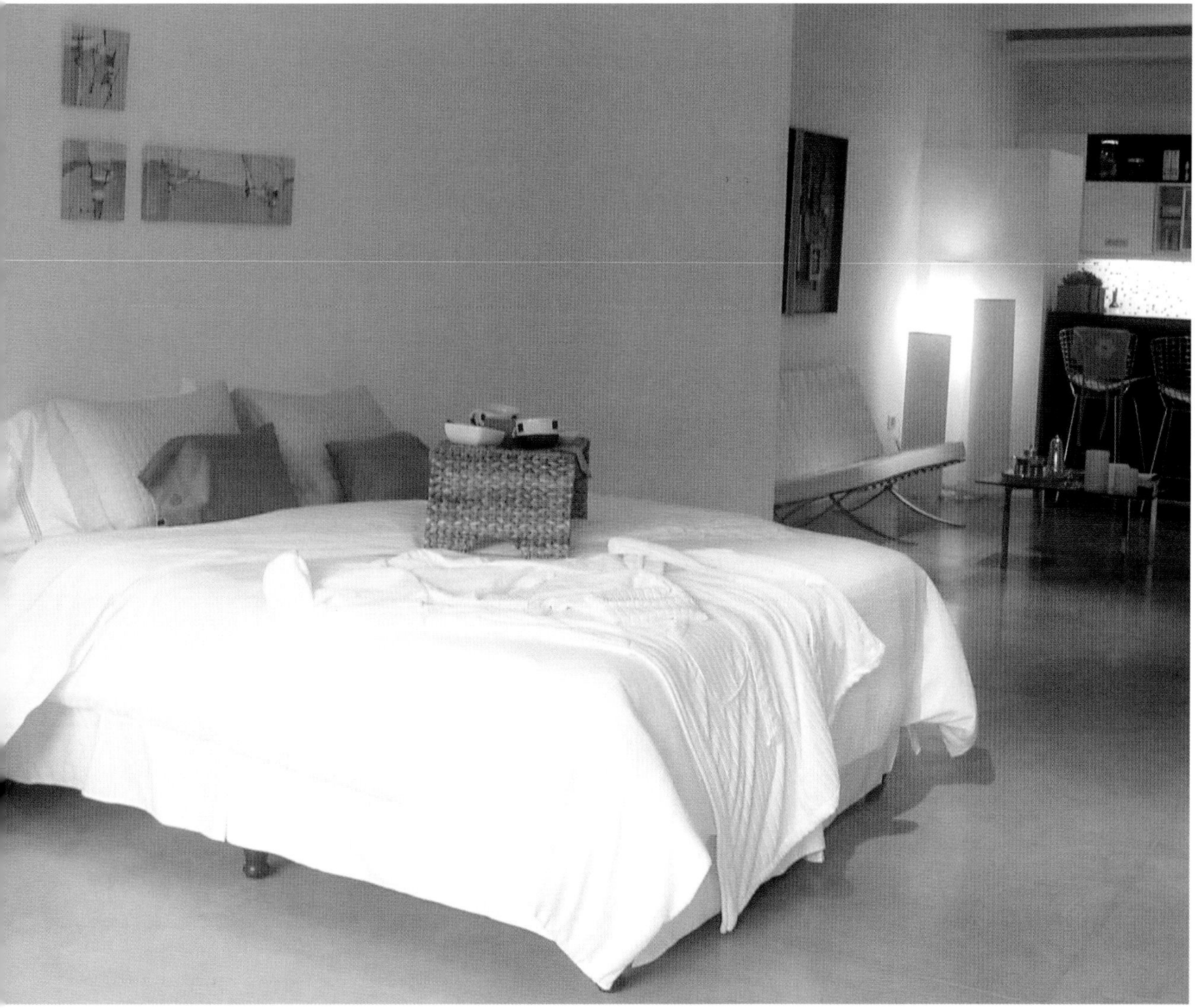

The main building has six levels. The fifth floor has large balconies and the seventh houses the laundry, the lift machine room and the reserve water storage tanks. Each apartment has just one floor that includes kitchen, bathroom, living room and bedroom and the interior receives natural light from the balcony. A panel slides shut to separate the bedroom from the rest of the dwelling.

El edificio principal consta de seis pisos; la quinta planta acoge unas grandes terrazas y la séptima una lavandería, la sala de máquinas de los ascensores y los tanques de reserva. Cada vivienda consta de una sola planta, que incluye cocina, baño, salón y dormitorio, y el interior recibe abundante luz natural a través de la terraza. Un panel se desliza para separar el dormitorio del resto de la vivienda.

Cet immeuble de six étages comprend de grandes terrasses au cinquième, une blanchisserie, la salle des machines de l'ascenseur et les réservoirs au septième. Chaque logement de plein pied se compose d'une cuisine, d'une salle de bain, d'un salon et d'une chambre à coucher. La lumière naturelle, qui entre par la terrasse, éclaire l'intérieur de l'appartement. Un panneau coulissant sépare la chambre à coucher du reste du logement.

177

In order to accentuate the natural light and assure the intimacy of the bedroom, a translucent curtain was installed.

Para acentuar la entrada de luz natural y asegurar la intimidad del dormitorio, se colocó una cortina translúcida.

Pour augmenter le passage de la lumière naturelle et assurer l'intimité de la chambre à coucher, un rideau translucide a été ajouté.

Mountain Shelter
Refugio en la Montaña
Un Refuge à la Montagne

70 m²/753 sq ft

Punta del Este, Uruguay

Architect: Martín Gómez Arquitectos

Photography: Daniela Mac Adden

This picturesque and small two-storey house is hidden away in a pine forest, a few metres from the beach. It was completely built from wood and the exterior was painted in green and orange.

Semioculta en un bosque de pinos, a escasos metros de la playa, se encuentra esta pintoresca y pequeña casa de dos plantas. Ésta fue construida íntegramente de madera, y se pintó el exterior de verde y naranja.

Cette pittoresque petite maison à deux étages est à moitié cachée dans une forêt de pins et se trouve à quelques mètres de la plage. Construite entièrement en bois, ses murs extérieurs sont peints en vert et en orange.

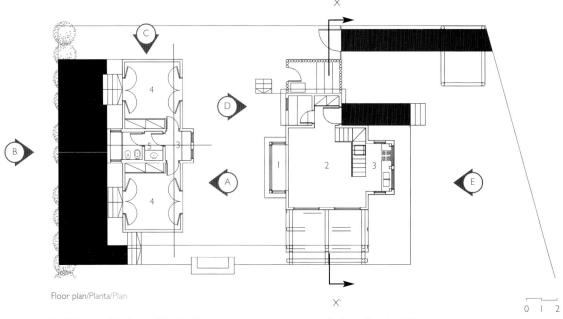

Floor plan/Planta/Plan

1. Living room/Sala de estar/Salle de séjour
2. Bedroom ensuite/Dormitorio con baño/Chambre à coucher suite
3. Kitchen/Cocina/Cuisine
4. Bedroom/Dormitorio/Chambre à coucher
5. Bathroom/Baño/Salle de bain

0 1 2

The staircase is made of pinewood, an economical material that is durable and resistant to water and insects if treated correctly.

La escalera es de madera de pino, un material económico que, con un tratamiento adecuado, es duradero y resistente al agua y a los insectos.

Les escaliers sont en bois de pin, un matériau économique et durable qui avec un traitement approprié, résiste à l'eau et aux insectes.

The project was commissioned by a young couple who were looking for a place to enjoy the summer months and to escape to during the rest of the year, which is why the house should be prepared for the winter. The budget was limited which is why a simple and functional cabin was designed, of pinewood and with polyurethane foam insulation. A wood stove that is situated in the living room brings warmth to the first-floor bedroom.

El proyecto fue encargado por una joven pareja que buscaba un lugar donde disfrutar de los meses de verano y al que ir en ocasiones durante el resto del año, por lo que la casa también debía estar preparada para el invierno. El presupuesto era reducido, por lo que se diseñó una cabaña sencilla y funcional, de madera de pino y con aislamiento de espuma de poliuretano. Una estufa de leña situada en la sala de estar lleva el calor al dormitorio del primer piso.

C'est un jeune couple qui est à l'origine de ce projet : ils recherchaient un endroit où ils pouvaient profiter des mois d'été et y passer quelques jours, le reste de l'année. C'est pourquoi la maison devait être prête pour l'hiver. En raison d'un petit budget, la cabane, construite en bois de pin et isolée par de la mousse polyuréthane, est simple et fonctionnelle. Un poêle à bois, situé dans le séjour, diffuse la chaleur dans la chambre à coucher à l'étage.

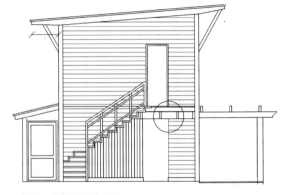

Section XX' at main house
Sección XX' de la casa principal
Section XX' de la maison principale

Elevation D at main house
Alzado D de la casa principal
Élévation D de la maison principale

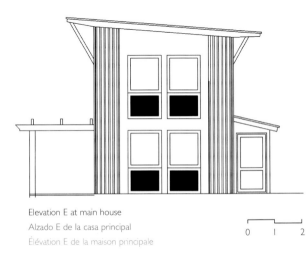

Elevation E at main house
Alzado E de la casa principal
Élévation E de la maison principale

0   1   2

183

The interiors, painted white, are simple and luminous, with furniture designed for the comfort of the owners.

Los interiores, pintados de blanco, son sencillos y luminosos, y el mobiliario está pensado para que los dueños de la casa puedan disfrutar de la máxima comodidad.

L'intérieur, peint en blanc, se caractérise par sa simplicité et sa luminosité. Le mobilier a été conçu pour le confort des propriétaires de la maison.

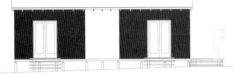

Front elevation at second cottage

Alzado anterior de la vivienda secundaria

Élévation frontale de la deuxième maisonnette

Rear elevation at second cottage

Alzado posterior de la vivienda secundaria

Élévation arrière de la deuxième maisonnette

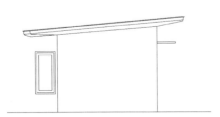

Side elevation at second cottage

Alzado lateral de la vivienda secundaria

Élévation latérale de la deuxième maisonnette

0   1   2

The patio situated around the house provides a space for the porch and the outside dining area. It is a space that was conceived with the summer months in mind.

El patio situado alrededor de la casa proporciona un espacio al porche o comedor exterior, ideado especialmente para los meses de verano.

La cour située autour de la maison, crée un espace pouvant servir de porche ou de salle à manger extérieure. Elle a été spécialement conçue pour les mois d'été.

A Touch of Vintage
Un Toque Vintage
Une Touche de Vintage

70m²/753 sq ft

Buenos Aires, Argentina

Architect: Florencia Kumcher

Photography: Juan Hitters

The architect scarcely needed one month to transform this 1950s apartment into his own pied-à-terre. Abundant light and space in generous proportions were the starting point of this rapid renovation.

A la arquitecta apenas le bastó un mes para transformar un apartamento de los años cincuenta en su propio pied-à-terre. Abundante luz y espacios de proporciones generosas fueron el punto de partida de esta rápida rehabilitación.

Il a fallu à peine un mois à l'architecte pour transformer un appartement des années cinquante en pied-à-terre. L'apport abondant de lumière et les proportions généreuses des différents espaces ont été le point de départ de cette rapide réhabilitation.

The living room sofa is one of the architect's creations. It is upholstered in a natural colour; the woollen blanket is hand-knitted and the cushions are made of silk.

El sofá del salón es una creación de la arquitecta. La pieza está tapizada en color crudo, la manta es de lana tejida artesanalmente y los almohadones, de seda.

Le canapé du salon est une création de l'architecte. La pièce est de couleur écrue, la couverture en laine a été fabriquée de manière artisanale et les coussins sont en soie.

1. Kitchen/Cocina/Cuisine
2. Bedroom studio/Dormitorio estudio/Chambre à coucher studio
3. Bathroom/Baño/Salle de bain
4. Kitchen dining/Cocina comedor/Cuisine salle à manger
5. Dressing room/Vestidor/Dressing

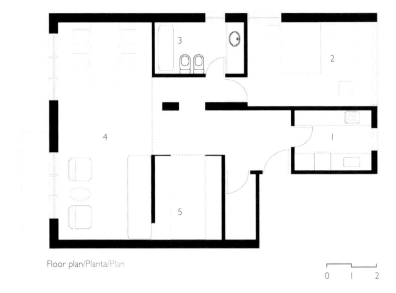

Floor plan/Planta/Plan

0   1   2

The first structural alterations consisted in the demolition of partitions in order to relocate the entrance. Another partition was also eliminated to increase the size of the bedroom, which is also a study and a new partition was built to create a dressing room. Finally a window was opened that flooded the bathroom with natural light. Likewise the decoration was personalised and some minor works were carried out such as painting the old parquet with sand-coloured epoxy paint.

La primera gran reforma estructural consistió en la demolición de algunos tabiques para reubicar el recibidor. Otra de las paredes fue eliminada para agrandar el dormitorio, que es a la vez estudio, y se levantó un nuevo tabique para crear un vestidor. Finalmente, se abrió una ventana que inunda de luz natural el baño. Asimismo, se personalizó la decoración y se realizaron algunas intervenciones pequeñas, como pintar un envejecido parquet con pintura epoxy de color arena.

La première rénovation structurelle d'envergure a consisté à démolir certaines cloisons, afin de déplacer le hall d'entrée. Une autre cloison a été détruite pour agrandir la chambre à coucher, qui sert également de bureau. Par ailleurs, une nouvelle cloison a été montée afin de créer un dressing. Enfin, la pose d'une fenêtre inonde de lumière naturelle la salle de bain. Par ailleurs, la décoration a été personnalisée et plusieurs petites modifications ont été apportées à cet appartement : l'ancien parquet a été peint avec de la peinture époxy couleur sable.

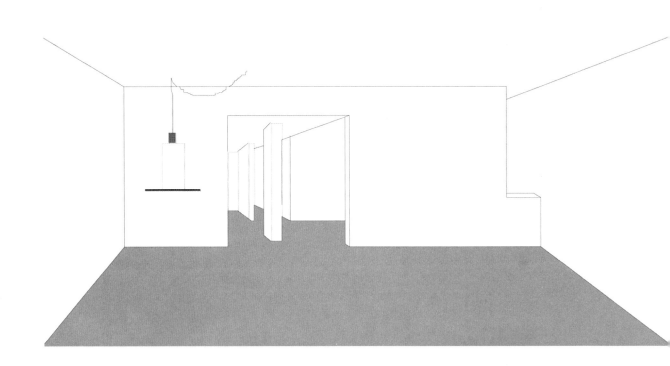

The bedroom is an eclectic space that is also used as a small study. A table was placed in it to act as a desk.

El dormitorio es un espacio ecléctico que se emplea también como un pequeño estudio. Para ello se colocó una mesa que actúa como escritorio.

La chambre à coucher est un espace éclectique qui tient également lieu de petit bureau. C'est pourquoi une table faisant office de secrétaire a été installée.

Contemporary Cabin
Cabaña Contemporánea
Cabane Contemporaine

753 sq ft / 70 m²

Chiloé, Chile

Architect: Alberto Moletto, Ignacio Pardo

Photography: Fernando Gómez Morales

In the middle of an exquisitely beautiful landscape, on the island of Chiloé, in the south of Chile, a cabin was built as a refuge for its owner as well as a pleasant pavilion for fishers and visitors.

En medio de un paisaje de exquisita belleza, en la isla de Chiloé, al sur de Chile, se construyó una cabaña como refugio para su propietario y también un agradable pabellón para pescadores y visitantes.

Au milieu d'un paysage d'une exquise beauté, une cabane a été construit pour servir de refuge à son propriétaire, sur l'île de Chiloé, située au sud du Chili. Un agréable pavillon a également été construit pour les pêcheurs et afin de recevoir des visiteurs.

Seduced by the tranquillity of the place, the owner envisaged a cabin that would enable enjoyment of the landscape from the interior as well as the outside.

Seducido por la tranquilidad del lugar, el dueño imaginó una cabaña que permitiera disfrutar del paisaje tanto desde el interior como desde el exterior.

Séduit par la tranquillité des lieux, le propriétaire a imaginé une cabane lui permettant de profiter du paysage aussi bien de l'intérieur que de l'extérieur.

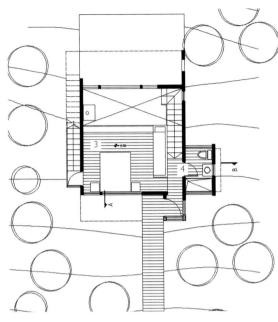

Upper floor plan/Planta superior/Étage Supérieur

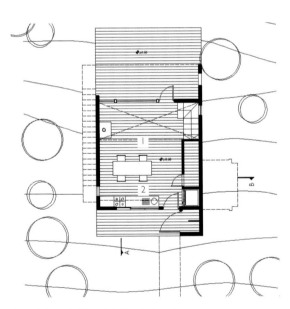

Ground floor plan/Planta baja/Rez de chaussée

0 1 2

1. Living dining/Sala de estar y comedor/Salle à manger séjour
2. Kitchen/Cocina/Cuisine
3. Bedroom/Dormitorio/Chambre à coucher
4. Bathroom/Baño/Salle de bain

With a dominant presence of nature, the residence can only be reached by boat. It is a modern refuge with integrated spaces and multiple functions. Loyal to the wishes of the owner, the architect used his own vision in order to create a set of volumes that blend with the environment. The wood, combined with glass and steel, is very resistant and is easily maintained.

En medio de una exuberante naturaleza, se accede a la residencia únicamente mediante barca. Con espacios integrados y múltiples usos, la vivienda constituye un moderno refugio. Fiel a los deseos del propietario, el arquitecto aportó su propia visión para crear un juego de volúmenes que se integra en el entorno. La madera, combinada con el cristal y el acero de algunos detalles, es muy resistente y tiene un fácil mantenimiento.

En raison d'une végétation luxuriante, on accède uniquement à la maison par bateau. Ce logement dispose d'espaces intégrés et de multiples fonctions, et constitue un véritable refuge moderne. Tout en restant fidèle aux souhaits du propriétaire, l'architecte a apporté sa propre vision au projet afin de créer un jeu de volumes en harmonie avec l'environnement. Le bois, associé au verre et à l'acier de certains éléments, est très résistant et facile à entretenir.

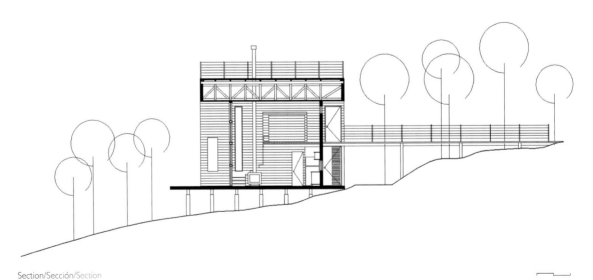

Section/Sección/Section

0 1 2

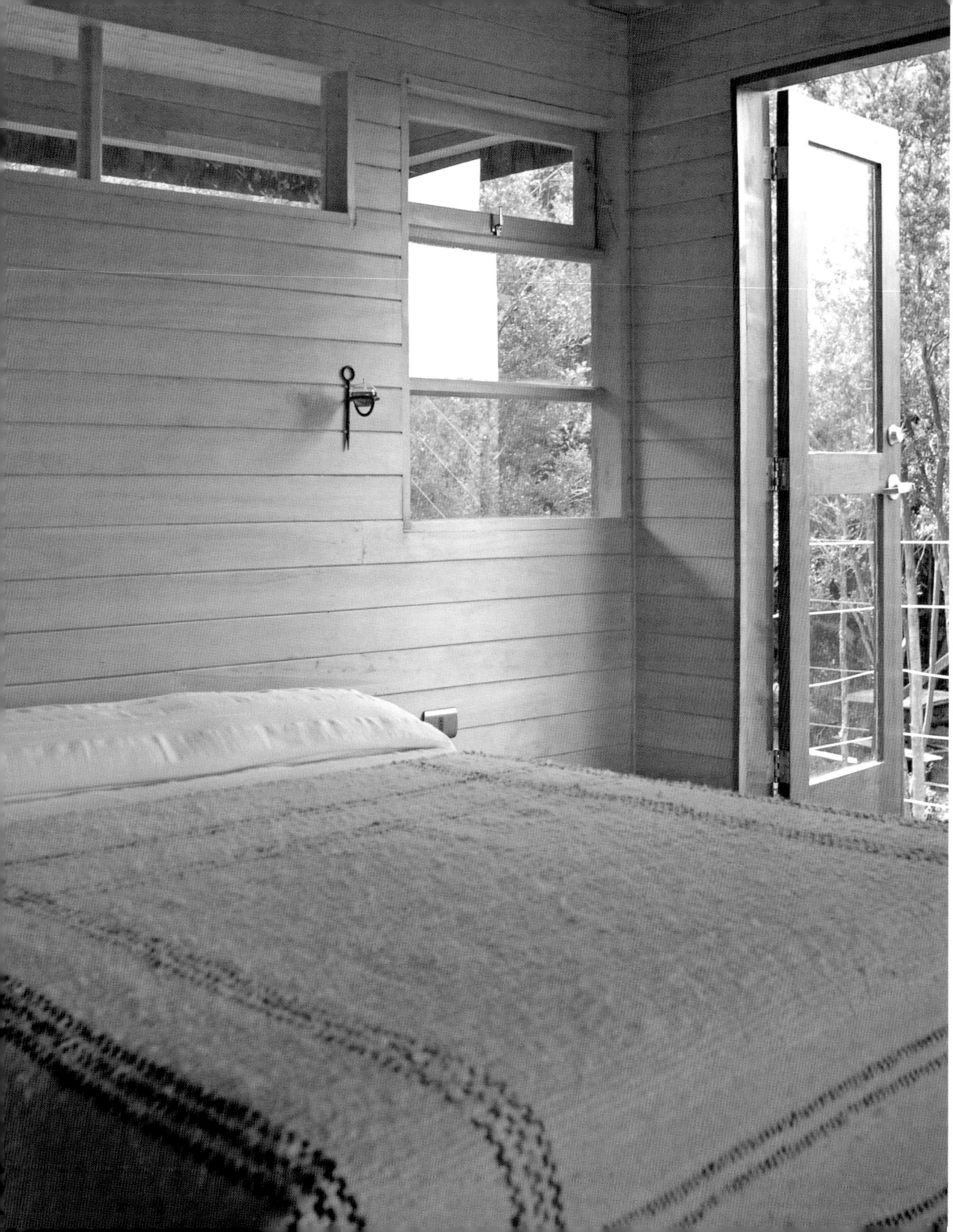

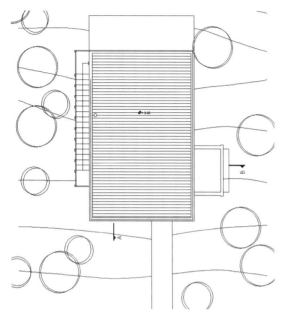

Roof plan/Planta de la cubierta/Plan du toit

The double height of the living room and the skylights create a spacious and luminous dwelling. The landscape can be seen from anywhere within the dwelling, thanks to the large windows.

El salón tiene doble altura y está conectado con el dormitorio, situado en el piso superior. Las grandes ventanas muestran el paisaje desde cualquier altura.

Le salon à deux niveaux est relié à la chambre à coucher, située à l'étage. Les grandes fenêtres permettent de voir le paysage, quelque soit l'endroit où l'on se trouve.

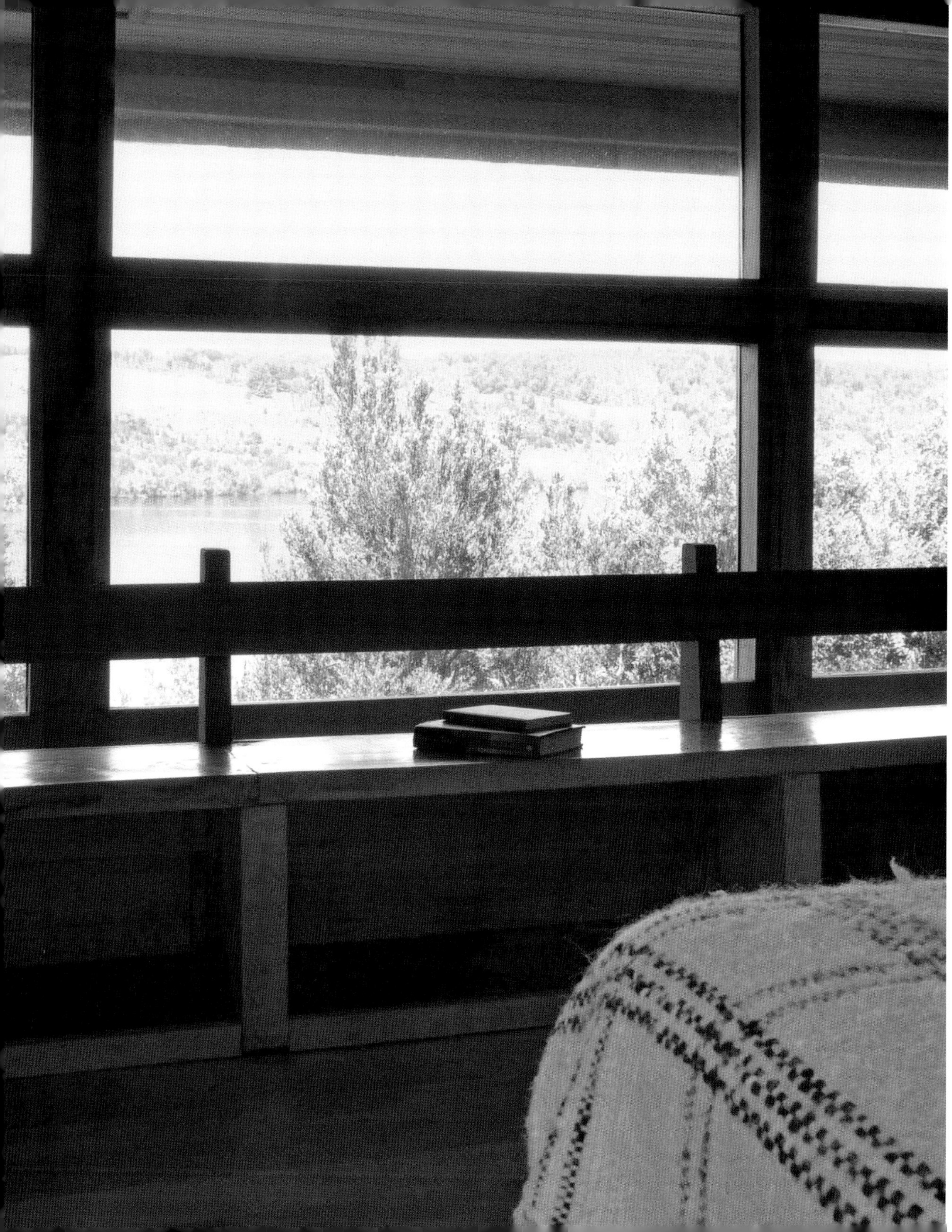

Prefabricated Refuges

Refugios Prefabricados

Refuges Préfabriqués

7 m²/753 sq ft

Two Harbours, MN, United States

Architect: Geoffrey Warner/Alchemy Architects

Photography: Geoffrey Warner/Alchemy Architects

The design of these prefabricated homes is based on the exploitation of space in an aesthetic and efficient manner. The key to these constructions is the intelligent adaptation of production technology.

El diseño de estas residencias prefabricadas está basado en el aprovechamiento del espacio de un modo estético y eficaz. La clave de estas construcciones es la adaptación inteligente de la tecnología de fabricación.

Le design de ces résidences préfabriquées est basé sur l'optimisation de l'espace, caractérisée par un style esthétique et efficace. Le secret de ces constructions réside dans l'adaptation réfléchie de la technologie de fabrication.

These homes have many options; a lateral module can be added and even a second and third floor.

Las posibilidades que ofrecen estas viviendas son muy amplias; se puede agregar un módulo lateral y hasta un segundo y tercer piso.

Ce type de logement offre de nombreuses possibilités : un module latéral ainsi qu'un deuxième et un troisième étage peuvent être rajoutés.

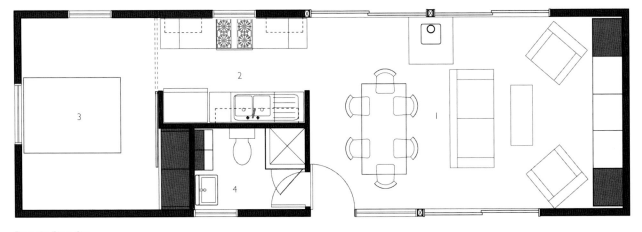

Floor plan/Planta/Plan

1. Dining room/Comedor/Salle à manger
2. Kitchen/Cocina/Cuisine
3. Bedroom/Dormitorio/Chambre à coucher
4. Bathroom/Baño/Salle de bain

0   1

The standard model includes windows, doors, a terrace roof, a bamboo floor, wooden ceilings, an Ikea kitchen, drawers and a sink.

El modelo estándar incluye las ventanas, las puertas, una azotea, el suelo de bambú, los techos de madera, una cocina de Ikea, cajones y fregadero.

Le modèle standard comprend des fenêtres, des portes, une terrasse, un sol en bambou, une toiture en bois, une cuisine Ikea, des tiroirs et un évier.

This project is a personalised module that can adapt to the necessities of the owner adding other volumes, stairs and slide-doors. Located on a hill and surrounded by a conifer wood, the building, that in many aspects is more robust than a conventional house, was painted red, like the rest of the constructions in the area. This module consists of one bedroom with an annex on the terrace roof which can be reached by an outdoor stairway.

Este proyecto consiste en un módulo personalizado que puede adecuarse a las necesidades del propietario aña-diendo otros volúmenes, escaleras y puertas correderas. Ubicada en una colina y rodeada de un bosque de coníferas, la edificación, que en muchos aspectos es más robusta que una casa convencional, se pintó de color rojo, como el resto de las construcciones de la zona. Este módulo cons-ta de un dormitorio con un anexo en la azotea al que se accede por una escalera exterior.

Ce projet consiste en un module personnalisé pouvant s'adapter aux besoins du propriétaire, auquel on peut ajouter d'autres volumes, des escaliers et des portes cou-lissantes. Situé sur une colline et entouré par une forêt de conifères, ce logement qui par de nombreux aspects est plus robuste qu'une maison conventionnelle, a été peint en rouge, comme les autres constructions environnantes. Ce module comprend une chambre à coucher avec une annexe donnant sur la terrasse, à laquelle on peut accéder grâce à un escalier extérieur.

When the module is installed on the ground the project is totally finished, ready for use.

Cuando el módulo se instala en el terreno el proyecto está totalmente terminado, listo para ser habitado.

Le projet est complètement achevé lorsque le module est installé sur le terrain : le logement est alors prêt à être habité.

Parc V Condominium

Condominio Parc V

Lotissement Parc V

70 m²/753 sq ft

Houston, TX, United States

Architects: BNIM Architects

Photography: Paul Hester/Hester & Hardaway

Photographers

Located in the heart of Houston, the apartment is in a very central area. The owner's passion for design marks the choice of materials in the renovation.

Situado en el corazón de Houston, el apartamento se encuentra en una zona muy céntrica. La pasión del propietario por el diseño marcó la elección de los materiales para la renovación.

L'appartement se trouve en plein coeur de Houston, dans le centre-ville. La passion du propriétaire pour le design se caractérise par le choix des matériaux utilisés pour la rénovation.

Various important elements of the home were introduced in order to reorganize the space of this small apartment.

Se introdujeron varios elementos esenciales de una vivienda para reorganizar el espacio de este pequeño apartamento.

Plusieurs éléments essentiels d'une habitation furent introduits afin de réorganiser l'espace de ce petit appartement.

One of the aims of the project consisted in exploiting the natural light as much as possible in order to create a luminous space. Likewise, the social and private areas were separated and the space was divided dynamically. The main bedroom and the bathroom are apart from the living room. However the study, the kitchen and the dining room form a unique space, with just the right amount of natural light. The design combines functionality and aesthetics, using noble, renewable and modern materials.

Uno de los objetivos del proyecto consistió en aprovechar la luz natural al máximo para crear un espacio luminoso. Asimismo, se separaron las zonas públicas y privadas, y se configuró el espacio de forma dinámica. El dormitorio principal y el baño están separados del salón; sin embargo, el estudio, la cocina y el comedor forman un único espacio, lo que proporciona la cantidad de luz deseada. El diseño combina funcionalidad y estética, empleando materiales nobles, renovables y modernos.

L'un des objectifs du projet a consisté à utiliser au mieux la lumière naturelle afin de créer un espace très lumineux. Par ailleurs, les parties communes et privées ont été séparées et l'espace a été divisé de façon dynamique. La chambre à coucher principale et la salle de bain sont séparées du salon. Cependant, le bureau, la cuisine et la salle à manger forment un seul et même espace, assurant ainsi la quantité de lumière recherchée. Grâce à l'utilisation de matériaux nobles, renouvelables et modernes, le design associe fonctionnalité et esthétique.

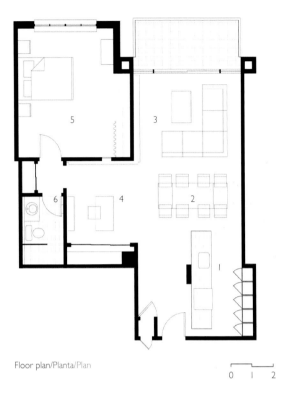

Floor plan/Planta/Plan

0   1   2

1. Kitchen/Cocina/Cuisine
2. Dining room/Comedor/Salle à manger
3. Living room/Sala de estar/Salle de séjour
4. Studio/Estudio/Studio
5. Bedroom/Dormitorio/Chambre à coucher
6. Bathroom/Baño/Salle de bain

The kitchen, which originally had a small window, was transformed into an island, which enabled exploitation of all the light in the room.

La cocina, que originalmente disponía de una pequeña ventana, fue transformada en una isla, lo que permitió aprovechar toda la luz de la estancia.

La cuisine, qui disposait à l'origine d'une petite fenêtre, a été transformée en îlot, ce qui a permit de profiter de la lumière qui baigne tout l'espace.

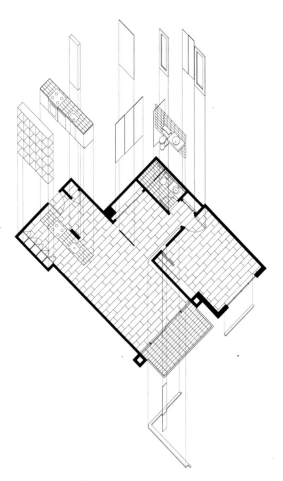

Axonometric view/Axonometría/Axonométrie

Arbor House
Casa Árbol
Maison Arbor

74 m²/797 sq ft

Boston, MA, United States

Architects: Moskow Architects

Photography: Eric Roth Photography,

Greg Premru Photography

Martha's Vineyard island is known for its beautiful beaches and for its abundant protected areas. The calm of the vineyards makes it an idyllic place for family holidays.

La isla de Martha's Vineyard es conocida por sus preciosas playas y por sus numerosas zonas protegidas. La calma de los viñedos la convierten en un rincón de ensueño y en un idílico lugar de vacaciones para disfrutar en familia.

L'île de Martha's Vineyard est célèbre pour ses jolies plages et ses nombreuses zones protégées. La tranquillité des vignobles en fait un petit coin de rêve, et un endroit idyllique pour passer des vacances en famille.

In front of the house, two modern arbors offer shade and shelter.

Frente a la casa, dos pérgolas de diseño moderno proporcionan sombra y cobijo.

Devant la maison, deux tonnelles d'un design moderne offrent un lieu tranquille et ombragé.

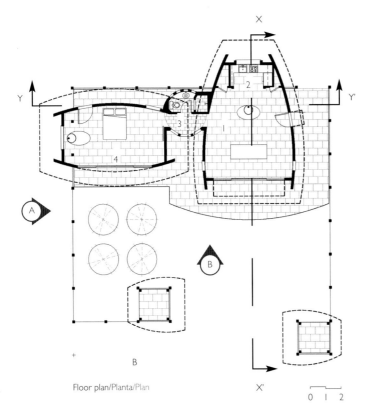

Floor plan/Planta/Plan

0 1 2

1. Living room/Sala de estar/Salle de séjour
2. Kitchen/Cocina/Cuisine
3. Bathroom/Baño/Salle de bain
4. Bedroom/Dormitorio/Chambre à couche

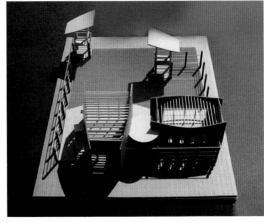

Model/Maqueta/Maquette

Elevation XX'/Alzado XX'/Élévation XX'

Section YY'/Sección YY'/Élévation YY'

Elevation A/Elevation A/Élévation A

Elevation B/Elevation B/Élévation B

0 1 2

In many houses the stone, brick and marble has been replaced by oak wood. This project reflects this tendency. The outer shell is composed of copper pieces, which evokes the design of fishing net. Likewise, the curved lines of the construction are inspired by nautical engineering. The space is divided into three areas: bedroom, bathroom and day area. The furniture was designed and manufactured especially for this home; the canopied bed in the main bedroom and the bunk beds are particularly noteworthy.

En muchas casas la piedra, el ladrillo y el mármol han sido sustituidos por maderas como el roble, y este proyecto es un claro ejemplo de ello. La cubierta se compone de piezas de cobre, cuyo entramado evoca el diseño de una red de pesca. Asimismo, las líneas curvas de la construcción están inspiradas en la ingeniería náutica. El espacio interior está dividido en tres áreas: dormitorio, baño y zona de día. El mobiliario fue diseñado y fabricado especialmente para esta vivienda; destacan la cama con dosel del dormitorio principal y las literas.

Dans beaucoup de maisons, la pierre, la brique et le marbre ont été remplacés par du bois, comme le chêne, ce projet illustrant parfaitement ces changements. La toiture se compose de pièces en cuivre dont le treillis évoque le motif d'un filet de pêche. Par ailleurs, l'ingénierie nautique a inspiré les lignes courbes de la construction. L'espace est divisé en trois espaces : la chambre à coucher, la salle de bain et la zone de jour. Le mobilier a été conçu et fabriqué spécialement pour cette maison : le lit à baldaquin de la chambre à coucher principale et les lits superposés attirent l'attention.

A wood stove presides over the common area and heats the kitchen and dining room.

Una estufa de leña preside la zona común y reparte el calor a la cocina y al comedor.

Un poêle à bois trône dans la partie commune et permet de chauffer la cuisine et la salle à manger.

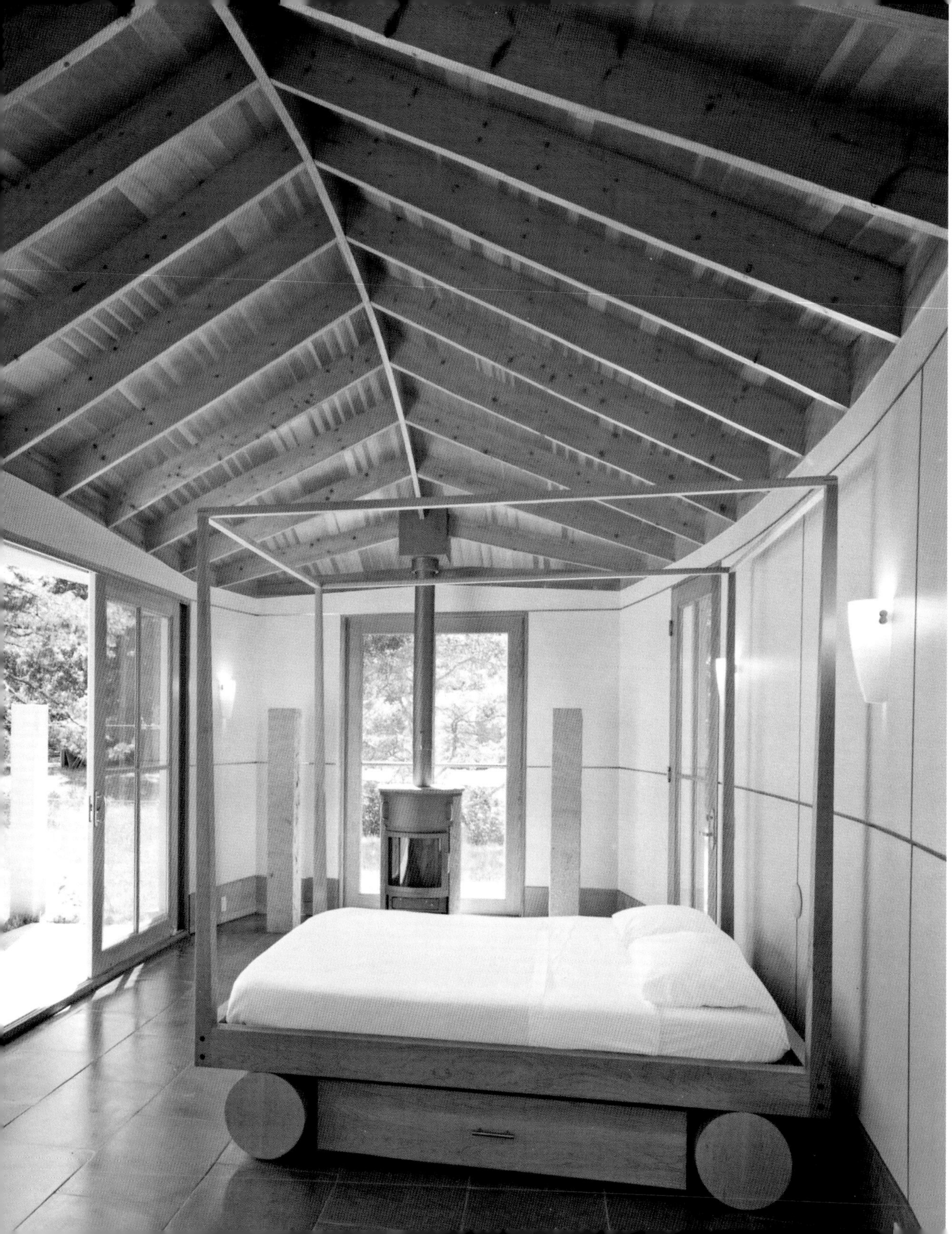

W House
Casa W
Maison W

75 m²/807 sq ft

Créteil, France

Architects: Tomorrow Architects

Photography: Tomorrow Architects

This small building was used in the past to store garden tools and bar-beque equipment, and the renovation was a great challenge for the architects.

Esta pequeña construcción había sido empleada en el pasado para almacenar herramientas de jardín y de barbacoa, con lo que la rehabilitación supuso todo un reto para los arquitectos.

Jadis utilisée comme cabane de jardin pour ranger le barbecue et les outils de jardinage, la réhabilitation de cette petite construction a constitué un véritable défi pour les architectes.

The intervention carried out on the original structure was minimal, and a wooden patio was created in order to have an outdoor area.

La intervención realizada en la estructura original fue mínima, y se habilitó una terraza de madera para disponer de un espacio exterior.

Les interventions sur la structure d'origine ont été minimes et une terrasse en bois a été aménagée pour créer un espace extérieur.

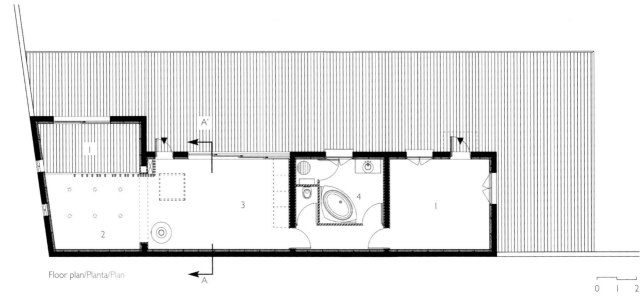

Floor plan/Planta/Plan

0 1 2

1. Bedroom/Dormitorio/Chambre à coucher
2. Living room/Sala de estar/Salle de séjour
3. Dining kitchen/Cocina comedor/Cuisine salle à manger
4. Bathroom/Baño/Salle de bain

This rustic building that consisted of just one room with an opening at the back that lead to the garden was transformed into a home. The owners, a couple with an adolescent son, wanted a house where each member could enjoy independence. The renovation had to be thorough, but the original structure was not modified excessively. The bathroom was placed in a strategic central area that enabled two independent sectors to be defined for the parents and the son.

Esta construcción rústica, formada por una única estancia con una abertura en la parte posterior que conducía a un jardín, fue transformada en un hogar. Los propietarios, una pareja con un hijo adolescente, querían una casa donde pudieran disfrutar cada uno de suficiente independencia. La renovación debía ser profunda; sin embargo, no se modificó excesivamente la estructura original. Se ubicó el baño en un lugar estratégico, central, que permitió delimitar dos sectores independientes para los padres y el hijo.

Cette construction rustique, qui se composait d'une seule pièce dotée d'une ouverture à l'arrière permettant d'accéder au jardin, a été transformée en logement. Les propriétaires, un couple avec un adolescent, souhaitaient une maison où chacun pouvait profiter d'une indépendance suffisante. Une rénovation d'envergure s'avérait nécessaire, mais la structure d'origine ne devait pas être modifiée en profondeur. La salle de bain a été placée à un endroit stratégique et central, permettant ainsi de délimiter deux espaces indépendants pour les parents et le jeune garçon.

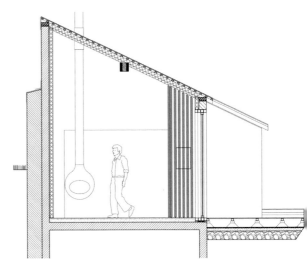

Detail section AA'/Detalle de la sección AA'/Détail de la coupe AA'

The furnishing in the house is minimal in order to increase the sensation of space.

El mobiliario de la casa es mínimo, de modo que aumenta la sensación de amplitud.

La sensation de grandeur est accentuée par le peu de mobilier présent dans la maison.

Loft Solo
Loft Solo
Loft Solo

80 m²/860 sq ft

Buenos Aires, Argentina

Architect: Silvina Descole, Edgardo Minond/Minond

Photography: Juan Hitters

One month was sufficient for these architects to remodel this 1920s chocolate factory, located in the Núñez district. The space was converted into a fully-equipped and well-decorated loft.

Un mes fue suficiente para que los arquitectos remodelaran una fábrica de chocolates de 1920, situada en el barrio Núñez. El espacio fue convertido en un loft totalmente decorado y equipado.

Il a fallu un mois aux architectes pour rénover cette chocolaterie de 1920, située dans le quartier Nuñez. L'espace a été transformé en un loft totalement décoré et équipé.

Two beige upholstered armchairs, thread and corduroy cushions and a stool have been placed in the living room. There are art books and a Brazilian vase on the coffee table.

En el salón se han colocado dos sillones tapizados en beige, cojines de hilo y pana y una banqueta. Sobre la mesa de café descansan unos libros de arte y un florero brasileño.

Des fauteuils beiges tapissés, des coussins en velours et une banquette ont été disposés dans le salon. Des livres d'art et un vase brésilien reposent sur la petite table basse.

The floor and the façade were modified, and the columns and beams were preserved. The 13 feet walls were painted white, with some green paint strokes. The new excellently-designed kitchen is particularly outstanding. The dining area acts as a nexus of union between this space and the living room, where a sisal rug dyed black was placed with a canvas border to separate it from the kitchen. A wooden desk was placed beside a wall.

Se modificaron la planta y la fachada, y se conservaron las columnas y las vigas. Las paredes, de 3,94 m, fueron pintadas de blanco, con algunas pinceladas de verde. Destaca la nueva cocina, con piezas de excelente diseño. La zona del comedor actúa como nexo de unión entre este espacio y el salón, donde se dispuso una alfombra de sisal teñido de negro con borde de lona para separarlo de la cocina. Se colocó un escritorio de madera junto a una pared.

La façade et l'étage ont été modifiés contrairement aux colonnes et aux poutres qui ont été conservées. Les murs, d'une hauteur de 3,94 m, ont été peints en blanc avec quelques touches de vert. La nouvelle cuisine, caractérisée par son excellent design, attire l'attention. La salle à manger sert de lien entre la cuisine et le salon, où a été disposé un tapis en sisal noir avec une bordure en toile, permettant de séparer visuellement les différentes pièces. Un bureau en bois a été placé le long d'un mur.

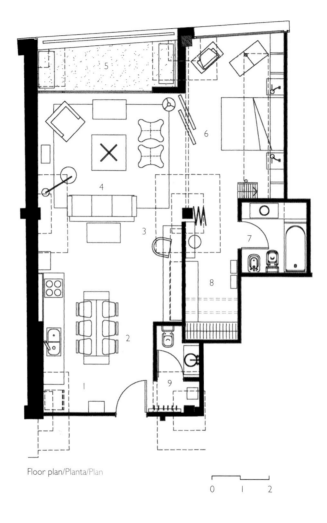

Floor plan/Planta/Plan

```
          0    1    2
```

1. Kitchen/Cocina/Cuisine
2. Dining room/Comedor/Salle à manger
3. Studio/Estudio/Studio
4. Living room/Sala de estar/Salle de séjour
5. Terrace/Terraza/Terrasse
6. Bedroom/Dormitorio/Chambre à coucher
7. Bathroom/Baño/Salle de bain
8. Dressing room/Vestidor/Dressing
9. Toilet/Lavabo/Salle d'eau

The bookcase, situated close to the ceiling in the bedroom and with nearly13 ft
of height is one of the most original spaces in the dwelling.

La librería, de casi 4 m de altura, situada en un altillo en el dormitorio, es uno de
los elementos más originales de la vivienda.

La bibliothèque de près de 4 m de hauteur, située dans une niche au dessus du lit,
est l'un des éléments les plus originaux du logement.

The bathrooms are decorated with great elegance. The mirror of one of the bathrooms is a box of lights with a fluorescent tube and a warmer light application.

Los baños están decorados con gran elegancia. El espejo de uno de los baños es una caja de luces: un tubo fluorescente y un aplique de luz más cálida.

Les salles de bain sont décorées avec une grande élégance. Le miroir de l'une des salles de bain est une véritable boîte à lumière : un néon et une applique de lumière plus chaleureuse.

Summerhouse
Casa de Veraneo
Résidence d'Été

89,5 m²/963 sq ft

Tjuvkil, Sweden

Architect: Wingårdh Architektkontor

Photography: Ulf Celander

This small summerhouse is located on a plot of land 50 miles north of Gothenburg, which is only accessible by sea. Its unique location and amazing views made the project stand out from the start.

Esta pequeña casa de veraneo se encuentra en un lugar idílico situado a unos 80 km al norte de Göteborg y accesible únicamente por mar. Su emplazamiento y sus magníficas vistas despertaron el interés de los arquitectos.

Cette petite maison de vacances est situé dans un lieu idyllique, à quelques 80 kilomètres au Nord de Göteborg, et uniquement accessible par la mer. Son emplacement et ses vues magnifiques suscitèrent l'intérêt des architectes.

The clients commissioned a summerhouse whose maintenance could be reduced to a minimum. The simple structure is directly related to the area's traditional architecture.

El cliente encargó al arquitecto una casa de veraneo de fácil mantenimiento. Su estructura sencilla sigue el estilo de la arquitectura tradicional de la zona.

Le client avait demandé à l'architecte une résidence d'été facile d'entretient. Sa structure simple fait directement référence à l'architecture traditionnelle de la région.

Due to the difficulty in transporting the construction material to the site, the architects decided to build a simple wooden structure on top of a platform of the same material. The house was clad in Canadian cedar wood shingles left untreated so that with time, the surface would age and integrate with the surrounding landscape. The interior spaces are distributed across a ground floor and two mezzanines. The ground floor is opened to the large deck that surrounds the house and contains the living area, the kitchen and a bathroom while the mezzanines are reserved for the bedrooms.

Debido a la dificultad que entrañaba transportar el material hasta el lugar donde debía construirse la casa, los arquitectos decidieron diseñar una estructura de madera que se alzara sobre una plataforma del mismo material. Se revistió el volumen con madera de cedro canadiense sin tratar, que con el tiempo adoptaría el color del entorno natural. Los espacios interiores están distribuidos en una planta baja y dos altillos. La primera tiene acceso a la amplia plataforma que rodea la casa y acoge el área de día, la cocina y un baño. Se reservaron los altillos para ubicar los dormitorios.

En raison de la difficulté que représentait le transport des matériaux au lieu de construction, les architectes optèrent pour une simple structure de bois posée sur une plateforme du même matériel. Le volume fut recouvert avec du bois de cèdre canadien non traité, qui adoptera avec le temps la couleur naturel de l'entourage. Les espaces intérieurs sont répartis en un rez-de-chaussée et deux soupentes. Le rez-de-chaussée, avec son accès à l'ample plateforme qui entoure la maison, abrite la pièce à vivre, la cuisine et une salle de bain, tandis que les soupentes ont été réservés pour les chambres.

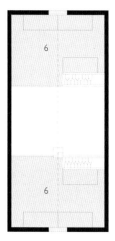

Mezzanine floor plan
Planta del altillo
Mezzanine

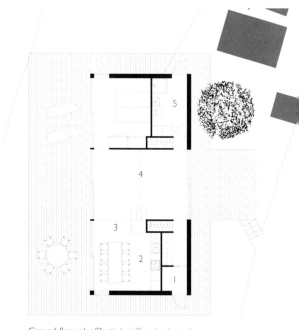

Ground floor plan/Planta baja/Rez de chaussée

0   1   2

1. Hall/Vestíbulo/Vestibule
2. Kitchen/Cocina/Cuisine
3. Dining room/Comedor/Salle à manger
4. Living room/Sala de estar/Salle de séjour
5. Bathroom/Baño/Salle de bain
6. Bedroom/Dormitorio/Chambre à coucher

The mezzanines receive natural light from the skylights and from the portholes on the east and west façades.

Los altillos reciben la luz natural a través de los lucernarios situados en la cubierta y las portillas de las fachadas este y oeste.

Les soupentes reçoivent la lumière naturelle par les multiples fenêtres de toit, ainsi que par les lucarnes des façades Est et Ouest.

North elevation/Alzado norte/Élévation nord

East elevation/Alzado este/Élévation est

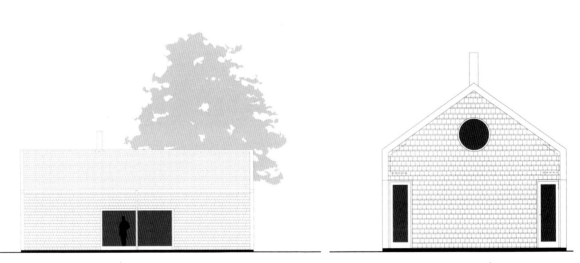

South elevation/Alzado sur/Élévation sud

West elevation/Alzado oeste/Élévation ouest

B House
Casa B
Maison B

81 m²/875 sq ft

Tokyo, Japan

Architect: Atelier A5 Architecture & Planning

Photography: Sadahiro Shimizu/Atelier A5
Architecture & Planning

The house is located in a densely populated residential area. The challenge consisted in building a house on a very small plot, which would be able to accommodate two generations of a family.

La casa se encuentra en un área residencial de gran densidad. El reto principal consistía en construir, en un solar de reducidas dimensiones, una vivienda que permitiera alojar a dos generaciones de una familia.

La maison est située sur une aire résidentielle très dense. Le défi était de pouvoir placer une habitation sur un terrain aux dimensions réduites mais ayant la capacité d'accueillir deux générations d'une même famille.

With the exception of two concrete walls, the structure was made of wood. This lowered the costs considerably and reduced the timeframe of the construction.

A excepción de los muros de hormigón armado, la estructura es de madera, lo cual supuso un ahorro tanto en los costes como en el tiempo de construcción.

Mis à part les murs de béton armé, la structure a été réalisée en bois, ce qui signifie une économie du coût de la construction mais aussi de temps.

Because of the proximity of the neighbors, a solution had to be found to make the best use of the area available, and still provide the occupants of the new house with privacy. Consequently, the spaces were distributed vertically on three floors so that each generation would have its own private space, but could also enjoy a communal space. A transitional area with a metal grill flooring was created to allow for the expansion of the living room and the overall volume of the house was enclosed by a skin made of translucent metal netting as an attempt to distance the building from the neighbors.

Debido a la proximidad de las residencias colindantes, fue necesario hallar una solución que permitiera el máximo aprovechamiento de la superficie disponible sin sacrificar la intimidad de los ocupantes de la vivienda. Así pues, se distribuyó el espacio verticalmente y se construyeron tres plantas para proporcionar a las dos generaciones un espacio privado y un área común. Alrededor de la vivienda se colocó un suelo de reja metálica y un fino cerramiento translúcido que permite proteger la residencia de las miradas de los vecinos.

Dû à la proximité des habitations adjacentes, il fallait ici une solution qui permettrait l'exploitation maximale de la superficie disponible, sans pour autant sacrifier l'intimité des occupants. La maison a été distribuée verticalement en trois étages, de façon à permettre non seulement à chacune des deux générations un espace respectif, mais à offrir aussi une zone commune. Une grille métallique a été installée tout autours du bâtiment ainsi qu'un enclos fin et translucide afin de protéger la résidence des regards de ses voisins.

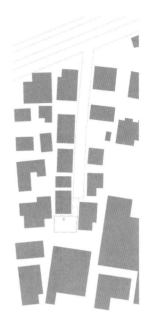

Location plan
Plano de localización
Plan de situation

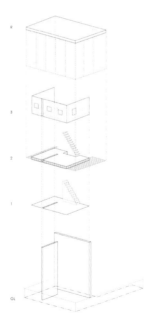

Exploded view
Vista en despiece
Vue explosée

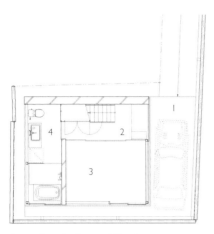

Ground floor plan/Planta baja/Rez de chaussée

First floor plan/Primera planta/Premier étage

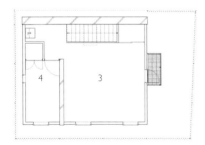

Second floor plan
Segunda planta
Deuxiéme étage

0 1 2

The two concrete walls play an essential role both as structural elements and as organizers of the spaces on all floors.

Los dos muros de hormigón desempeñan un papel esencial, tanto a nivel estructural como en la organización de los espacios en todas las plantas.

Les deux murs de béton ont une fonction essentielle tant à un niveau structurel qu'à celui de l'organisation des espaces dans tous les étages.

1. Carport/Aparcamiento/Hangar à voiture
2. Hall/Vestíbulo/Vestibule
3. Bedroom/Dormitorio/Chambre à coucher
4. Bathroom/Baño/Salle de bain
5. Kitchen/Cocina/Cuisine
6. Dining room/Comedor/Salle à manger
7. Living room/Sala de estar/Salle de séjour
8. Metal floor deck/Suelo de rejilla/Grille métallique

The metal grill deck is accessible via the sliding doors, which also allow expanding the area of the living room.

En el salón, las puertas correderas pueden desplazarse para acceder a la terraza de suelo metálico y ampliar así el área común.

Dans le salon, les portes coulissantes permettent d'accéder à la terrasse au sol métallique et emplissent ainsi l'aire commune.

Kaps House
Casa Kaps
Maison Kaps

84 m²/540 sq ft

Saalfelden am Steineren Meer, Austria

Architect: Caramel Architekten

Photography: Johannes Felsch/Caramel Architekten

The name Kaps House –Kapsel in German means capsule– comes from its similarity in shape to a space capsule. The new construction is connected to the original house but constitutes a completely independent space.

Este proyecto fue bautizado como Casa Kaps –en alemán «Kapsel» significa cápsula–, ya que la casa tiene forma de cápsula. La nueva construcción está unida a la antigua vivienda y constituye un espacio independiente.

Le nom de la Maison Kaps (en Allemand, « Kapsel » signifie capsule) vient de la ressemblance qui existe entre cette nouvelle structure et un espace en forme de capsule. Bien que connectée au bâtiment original, la nouvelle construction constitue un espace indépendant.

The rooftop, which barely exceeds 538 sq ft, is finished as a terrace that can be accessed from a stair located between the original house and the addition.

La cubierta, que no supera los 50 m², es también una terraza, y se accede a ella mediante una escalera ubicada en el hueco que separa la casa original de su ampliación.

Le toit, que ne dépasse pas les 50 mètres carrés, constitue une terrasse à laquelle on accède par un escalier situé dans l'espace libre entre la maison originelle et son amplification.

This addition is conceived of as an extension to the country house, which dates back to the thirteenth century. Its modern design, which presents two volumes of the same size, linked together by a hallway, reinforces the traditional appearance of the main house. The volume facing east houses the bedroom and the bathroom, while the living area and the kitchen occupy the volume facing west. The large windows open up the interior space to the alpine landscape outside.

El proyecto fue concebido como una ampliación de una casa rural construida en el siglo XIII. El diseño moderno de la nueva construcción, compuesta por dos volúmenes del mismo tamaño unidos por un pasillo, refuerza el aspecto tradicional de la edificación principal. El volumen orientado hacia el este alberga el dormitorio y el baño, mientras que la sala de estar y la cocina ocupan el segundo volumen. En las fachadas este y oeste, destacan los amplios ventanales que se abren hacia el magnífico paisaje alpino.

La Kaps House a été conçue comme amplification d'une maison de campagne originellement construite au XIIIème siècle. Son concept moderne renforce l'aspect traditionnel de la structure principale. Cette habitation est formée de deux volumes de la même taille, unis par un couloir. De ses façades Est et Ouest se détachent les amples baies vitrée s'ouvrant vers le magnifique paysage alpin. Le volume orienté vers l'Est est destiné aux chambres et à la salle de bain, tandis que le séjour et la cuisine se partagent l'autre partie.

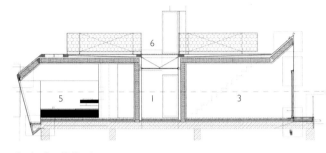

Section/Sección/Section

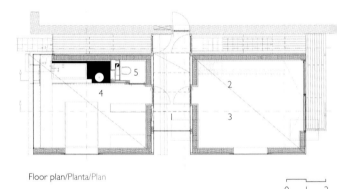

Floor plan/Planta/Plan

0 1 2

1. Hall/Vestíbulo/Vestibule
2. Kitchen/Cocina/Cuisine
3. Living room/Sala de estar/Salle de séjour
4. Bedroom/Dormitorio/Chambre à coucher
5. Bathroom/Baño/Salle de bain
6. Terrace/Terraza/Terrasse

At the eastern end of the Kaps House, the roof slopes towards the ground, while at the opposite end, it rises up towards the sky, exposing the house to the landscape and the sunsets.

En la fachada oeste, la cubierta se inclina hacia el suelo, mientras que en la fachada opuesta asciende en dirección al cielo, para disfrutar mejor del paisaje y de las puestas de sol.

Le toit de la Kaps House, qui, sur la façade Ouest, se rapproche du sol, remonte au contraire vers le ciel pour la façade Est afin de profiter le plus possible su soleil.

The structure and the materials, which constitute the Kaps house, contrast with the traditional wooden cladding and the morphology of the old building.

La estructura y los materiales de la Kaps House contrastan con el revestimiento tradicional de tablillas de madera y con la morfología de la antigua vivienda.

La structure et les matériaux de la Kaps House contrastent avec le revêtement en bardeaux de bois et avec la morphologie de l'ancienne maison.

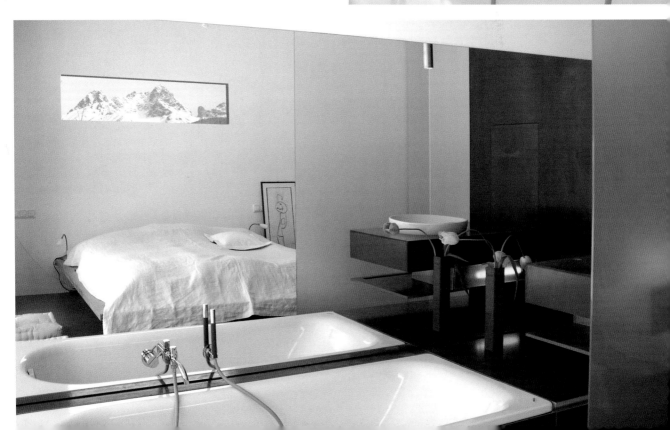

A sense of openness is produced by the large windows facing east and west and by the absence of interior partitions.

La ausencia de particiones y los grandes ventanales situados en las fachadas este y oeste aumentan la sensación de amplitud en el interior de la residencia.

L'absence de cloisons ainsi que les grandes baies vitrées situées dans les murs Est et Ouest augmentent la sensation d'amplitude à l'intérieur.

Annex by the Pool
Anexo junto a la Piscina
Annexe au bord de la Piscine

85 m²/915 sq ft

Buenos Aires, Argentina

Architect: Milagros Loitegui

Photography: Daniela Mac Adden

The simple materials and the large windows define this independent annex from the main residence. The interior and exterior spaces were integrated and the garden was converted into an area for relaxation.

Los materiales sencillos y los grandes ventanales definen este anexo independiente de la residencia principal. Se integraron los espacios interiores y exteriores y se convirtió el jardín en una zona de descanso.

Les matériaux simples et les grandes baies vitrées caractérisent cette annexe indépendante de la résidence principale. Les espaces intérieurs et extérieurs ont été intégrés et le jardin a été transformé en espace de détente.

The swimming pool can be reached from the living room; the large glass doors communicate the indoor and outdoor spaces.

Desde el salón se puede acceder a la piscina; las grandes puertas de cristal comunican los espacios interiores y exteriores.

On peut accéder à la piscine depuis le salon ; les grandes portes en verre assurent la communication entre les espaces intérieurs et extérieurs.

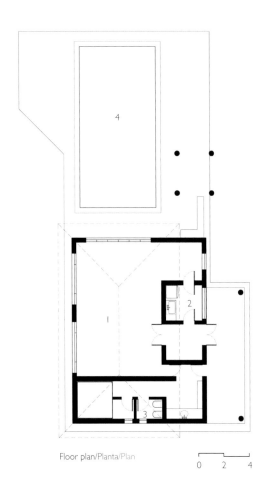

Floor plan/Planta/Plan

0 2 4

1. Living dining/Sala de estar y comedor/Salle à manger-séjour
2. Kitchen/Cocina/Cuisine
3. Bathroom/Baño/Salle de bain
4. Pool/Piscina/Piscine

The colour white dominates in the large living-dining room, designed to receive visitors comfortably.

El color blanco predomina en el gran salón comedor, una estancia pensada para recibir visitas de manera confortable.

Le blanc est la couleur dominante utilisée dans le grand salon-salle à manger, conçu pour recevoir confortablement des invités.

In the dining room, two tables surrounded by ten wickerwork chairs enable a large number of guests to be seated.

En el comedor, dos mesas rodeadas de diez sillas de mimbre permiten acoger a un gran número de invitados.

Dans la salle à manger, deux tables entourées par dix chaises en osier permettent d'accueillir un grand nombre de visiteurs.

The colour white creates a luminous space that encourages rest and relaxation.

El color blanco crea un espacio luminoso que invita al descanso y a la relajación.

La couleur blanche crée un espace lumineux qui invite au repos et à la relaxation.

Two of the most important objectives were to achieve a functional and comfortable interior without overloading the space with objects. The walls are made of brick, the carpentry of aluminium and the ceiling of wood. The floor is of white polished cement combined with stone, which confers sobriety to the decoration that is characterised by the colour white and the details in green. A good choice of lighting and a careful selection of furniture complete this elegant and very comfortable space.

Dos de los objetivos más importantes fueron lograr un interior funcional y confortable sin sobrecargar de objetos el espacio. Las paredes son de ladrillo, la carpintería de aluminio y el techo de madera. El suelo es de cemento pulido en blanco combinado con piedra, lo que confiere sobriedad a la decoración, que se caracteriza por el predominio del blanco y los detalles en verde. Una acertada iluminación y una cuidada selección del mobiliario completan este espacio elegante y muy confortable.

Deux des objectifs les plus importants ont été de créer un intérieur fonctionnel et confortable, sans le surcharger d'objets. Les murs sont en brique, la charpente en aluminium et le toit en bois. Le sol, en ciment poli blanc et associé à la pierre, confère une certaine sobriété à la décoration caractérisée par la couleur blanche et les éléments de couleur verte. Un éclairage réfléchi et un choix minutieux du mobilier complètent cet espace élégant et très confortable.

Apartment Art Gallery

Apartamento Galería de Arte

Appartement Galerie d'Art

86 m²/926 sq ft

Rimini, Italy

Architect: Massimo Morandi

Photography: Daniele Domenicali

The beaches of Rimini are idyllic with sand, sun and clear water. However this flat offers much more than just a fantastic view as the 926 sq ft were also converted into a modern art gallery.

Las playas de Rimini, con la arena, el sol y el agua clara, son un lugar idílico; sin embargo, este apartamento ofrece mucho más que unas vistas fascinantes, pues los 86 m² fueron transformados en una galería de arte moderno.

Les plages de Rimini, avec le sable fin, le soleil et une eau transparente, sont idylliques. Cet appartement offre certainement bien plus qu'un grand panorama, puisque les 86 m² ont également été transformés en galerie d'art moderne.

A lamp with undulating lines illuminates the Tulip table, a classic 1950s design.

Una lámpara de líneas onduladas ilumina la mesa Tulip, un clásico del diseño de la década de los cincuenta.

Une lampe, caractérisée par ses lignes courbes, illumine la table Tulip, classique du design des années cinquante.

The apartment, as well as being a gallery, is the home of the owner which is why it should include all the necessary mod cons and a decoration that reflects the character of its occupant. The house is distributed around a large living room with abundant natural light-- proceeding from one large window. The carefully selected furniture includes icons of contemporary design such as the Tulip table and sofas with Le Corbusier design.

El apartamento, además de galería, es la vivienda del propietario, por lo que debía incluir todas las comodidades necesarias para vivir y una decoración que reflejara el carácter de su inquilino. La casa se distribuye en torno a una gran estancia con abundante luz natural —procedente de un ventanal—, donde se encuentra el salón. Entre el mobiliario, cuidadosamente escogido, destacan iconos del diseño contemporáneo como la mesa Tulip y los sofás con diseño de Le Corbusier.

L'appartement, en plus d'être une galerie d'art, est le lieu de résidence du propriétaire. C'est pourquoi il devait disposer de tout le confort nécessaire pour y vivre et la décoration devait refléter le caractère de son locataire. La maison s'articule autour d'une grande pièce inondée de lumière naturelle —provenant d'une baie vitrée—, où se trouve le salon. Parmi le mobilier minutieusement choisi, les icônes de style contemporain, la table Tulip et les canapés conçus par Le Corbusier, attirent l'attention.

The glass stairs that lead to the terrace separate the dining room from the living room.

La escalera de cristal que conduce a la terraza separa el comedor del salón.

La salle à manger est séparée du salon par un escalier en verre qui mène à la terrasse.

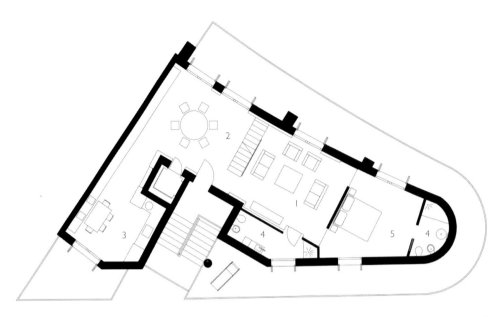

Floor plan/Planta/Plan

1. Living room/Sala de estar/Salle de séjour
2. Dining room/Comedor/Salle à manger
3. Kitchen/Cocina/Cuisine
4. Bathroom/Baño/Salle de bain
5. Bedroom/Dormitorio/Chambre à coucher

0   1   2

The wood on the walls gives warmth to the living room, reducing the cold effect of the tiling and the colour white.

La madera de las paredes aporta calidez al salón y contrarresta la frialdad del pavimento y del color blanco.

Le bois qui recouvre les murs rend le salon plus chaleureux, contrebalançant la froideur du sol et de la couleur blanche.

Charming Duplex
Dúplex de ensueño
Charmant Duplex

88 m²/947 sq ft

Buenos Aires, Argentina

Architect: Baudizzone Lestard & Asociados

Photography: Daniela Mac Adden/Sur Press Agencia

The designer Sofia Camps did not hesitate when she took on the challenge to renew this home. The duplex has an attractive location, in the heart of the modern Las Cañitas district in Buenos Aires.

La diseñadora Sofía Camps abordó sin dudar el reto de rehabilitar esta vivienda. La localización de este dúplex es atractiva, ya que se encuentra en el corazón del moderno barrio de Las Cañitas, en Buenos Aires.

La designer Sofía Camps a relevé le défi de rénover ce logement sans aucune hésitation. L'emplacement de ce duplex est attrayant puisqu'il est situé en plein coeur du quartier moderne de Las Cañitas, à Buenos-Aires.

A wide terrace allows the owner to enjoy a home that is open to the outside and a large quantity of plants.

Una amplia terraza permite a la propietaria disfrutar de una vivienda abierta al exterior y disponer de gran cantidad de plantas.

Une grande terrasse permet à la propriétaire de profiter d'un appartement ouvert sur l'extérieur et de disposer d'un grand nombre de plantes.

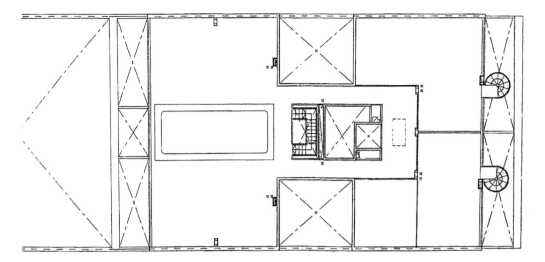

Roof plan/Planta de la cubierta/Plan du toit

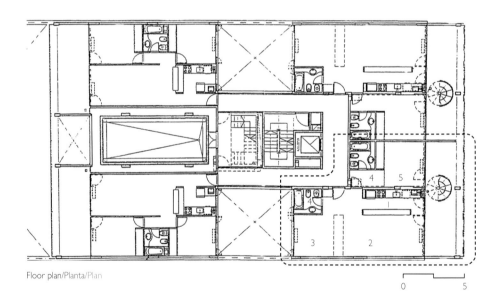

Floor plan/Planta/Plan

0   5

1. Kitchen/Cocina/Cuisine

2. Living room/Sala de estar/Salle de séjour

3. Dining room/Comedor/Salle à manger

4. Bathroom/Baño/Salle de bain

5. Bedroom/Dormitorio/Chambre à coucher

The living room has a relaxed spirit and is perfect for winding down or for meetings with friends. This sensation is reinforced by the wide and springy sofas.

En el salón se aprecia un espíritu lúdico que invita a la relajación y a la reunión. Esta sensación está reforzada por los amplios y mullidos sofás.

Le salon se distingue par son caractère ludique, lieu qui invite à la relaxation et aux réunions. Cette sensation est renforcée par la présence de grands et moelleux canapés.

The wish of the owner to live in a house open to the outside was possible thanks to the duplex's two large patios. The 732 sq ft first floor includes a 215 sq ft patio; the upper floor is composed of a 430 sq ft space and a patio that has been closed-off and transformed into a studio. The living room was joined to the dining room (previously a bedroom), which is connected to the kitchen. It is an informal home, small, with an ideal patio and lots of vegetation.

El deseo de la propietaria de vivir en una casa abierta al exterior fue posible gracias a las dos generosas terrazas de que disponía el dúplex. La primera planta, de 68 m², incorpora una terraza de 20 m²; el piso superior está formado por un espacio de 40 m² y una terraza que se ha cerrado para transformarla en un estudio. Junto al comedor, que anteriormente era un dormitorio, se dispuso el salón, que comunica con la cocina. Se trata de un hogar informal, pequeño, con una terraza de ensueño y abundante vegetación.

Le souhait de la propriétaire de vivre dans une maison ouverte vers l'extérieur a été possible grâce aux deux grandes terrasses dont disposait ce duplex. Le premier étage, d'une surface de 68 m², comprend une terrasse de 20 m² ; l'étage supérieur est formé d'un espace de 40 m² et d'une terrasse qui a été fermée pour être transformée en bureau. Jadis une chambre à coucher, le salon, communicant avec la cuisine, a été installé à côté de la salle à manger. Ce logement de petite taille et caractérisé par une atmosphère décontractée, dispose d'une splendide terrasse et jouit d'une végétation luxuriante.

The kitchen is connected to the living room by means of a wooden surface that forms an informal dining room table. The work-top was changed and various cupboards were installed.

La cocina está conectada al salón mediante una superficie de madera que forma una mesa de comedor informal. Se cambió la encimera y se instalaron varios armarios.

Grâce à une surface en bois qui sert de table pour la salle à manger informelle, la cuisine est reliée au salon. Le plan de travail a été remplacé et plusieurs placards ont été installés.

80 A Street

Edificio 80 A Street

Immeuble 80 A Street

92 m²/990 sq ft

Boston, MA, United States

Architect: Moskow Architects

Photography: Greg Premru Photography, Avis Studio

This building, located at the junction between an industrial and residential area, is composed of twelve apartments and its aim is to satisfy the needs of the city's inhabitants.

Este edificio, ubicado en la intersección entre una zona industrial y otra residencial, se compone de doce viviendas y tiene como objetivo satisfacer las necesidades de los habitantes de la ciudad.

Cet immeuble, situé entre une zone industrielle et une zone résidentielle, est composé de douze logements et a pour objectif de satisfaire les besoins des habitants de la ville.

The design is elegant, looks both towards the future and the past by means of metallic elements that evoke the harbour tradition of the area.

El diseño es elegante, mira hacia el futuro y recuerda el pasado mediante elementos metálicos que evocan la tradición portuaria de la zona.

Grâce à la présence d'éléments métalliques qui évoquent la tradition portuaire du quartier, le design est à la fois élégant, futuriste et ancien.

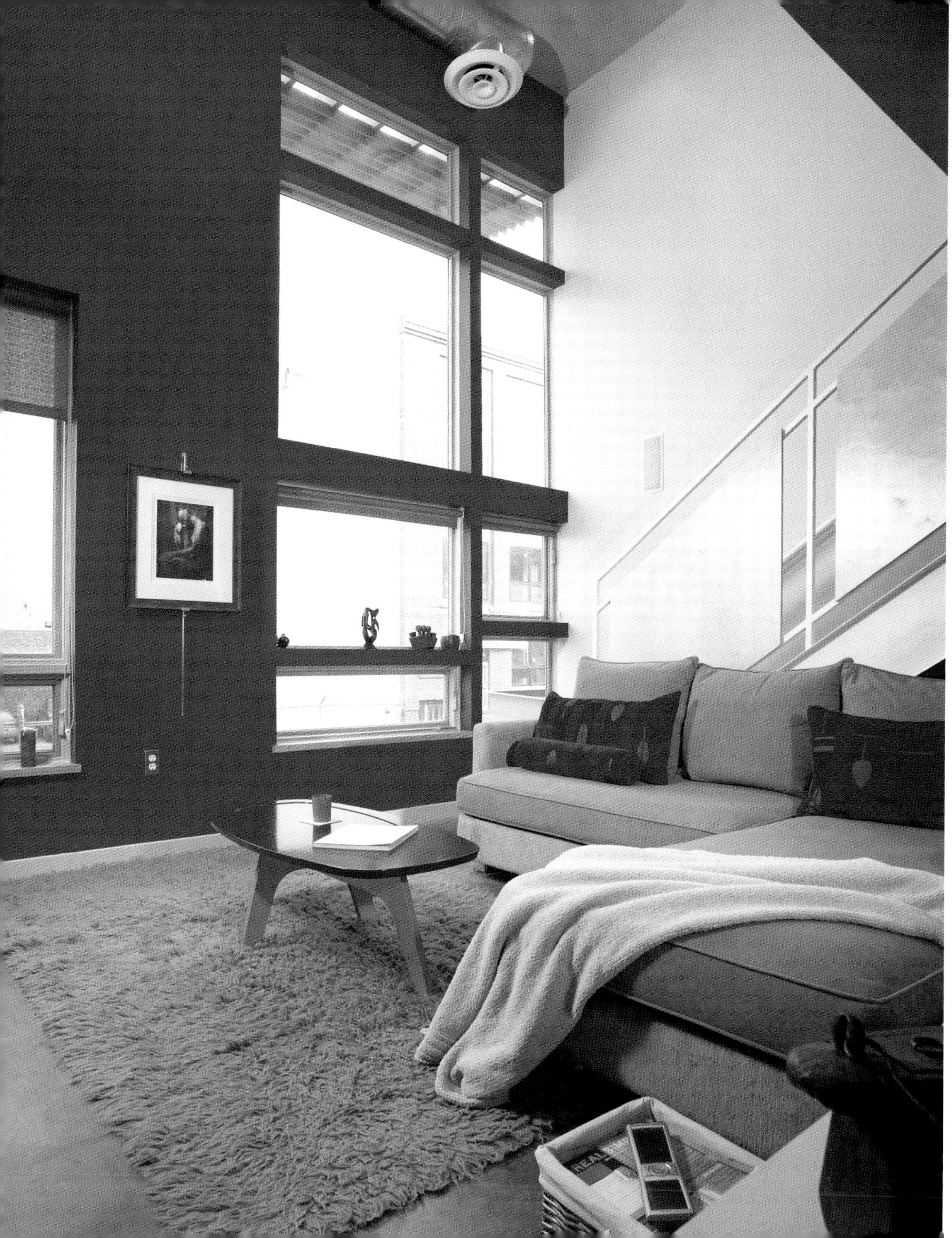

This building exhibits a modern, efficiently designed architecture and has a good location, and an attractive price. This residence shows the current tendency of creating open spaces in order to increase the clarity and flexibility of the interiors. The wooden objects and the use of bright colours add warmth to the atmosphere. In the living room, for example, the distinguished high windows allow the entrance of abundant natural light.

Este edificio presenta una arquitectura moderna, de diseño funcional, y ofrece no sólo una buena ubicación, sino también un precio atractivo. Esta residencia muestra la tendencia actual que consiste en crear espacios abiertos para aumentar la luminosidad y la flexibilidad de los interiores. Los detalles de madera y los colores brillantes añaden calidez al ambiente. En el salón, por ejemplo, destacan las altos ventanales que permiten la entrada de abundante luz natural.

Cet immeuble se caractérise par son architecture moderne et son design efficace. En plus d'être très bien situé, son prix est attractif. Cette résidence est le reflet de la tendance actuelle visant à créer des espaces ouverts afin d'augmenter la clarté et la flexibilité des espaces intérieurs. Les éléments en bois et l'utilisation de couleurs brillantes ajoutent une sensation de chaleur à la pièce. Dans le salon, par exemple, les grandes fenêtres qui permettent le passage abondant de la lumière naturelle attirent l'attention.

Front elevation/Alzado anterior/Élévation frontale

Side elevation/Alzado lateral/Élévation latérale

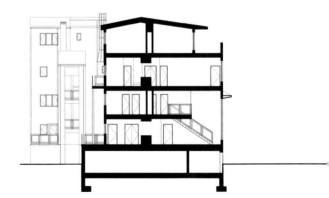

Longitudinal section/Sección longitudinal/Section longitudinale

The living room and kitchen floor is of sombre and elegant polished concrete. The kitchen cupboard doors are made of birch wood.

El suelo del salón y de la cocina, sobrio y elegante, es de hormigón pulido. Las puertas de los armarios de la cocina son de madera de abedul.

Le sol du salon et de la cuisine est en béton poli, sobre et élégant. Les portes des placards de la cuisine sont en bois de bouleau.

The bedroom is connected with the living room on the lower floor by means of sliding translucent panels.

El dormitorio está conectado con la sala de estar del piso inferior mediante paneles correderos translúcidos.

La chambre à coucher est reliée à la salle de séjour de l'appartement inférieur par l'intermédiaire de panneaux translucides coulissants.

Apartment in NY
Apartamento en NY
Appartement à NY

93 m²/1,000 sq ft

New York, NY, United States

Architect: Ostap Rudakevych/Front Studio

Photography: Maggie Soladay Photography

This apartment located in the centre of New York belongs to a couple who have accumulated a large quantity of objects, such as shoes, records and books. Storing them in an organised fashion was a great challenge for the designers.

Este apartamento situado en pleno centro de Nueva York pertenece a una pareja que ha acumulado una gran cantidad de objetos, como zapatos, vinilos y libros. Almacenarlos de forma ordenada se convirtió en todo un reto para los diseñadores.

Cet appartement, situé en plein centre de la ville de New York, appartient à un couple qui a accumulé un grand nombre d'objets, comme des chaussures, des vinyles et des livres. Les ranger de manière ordonnée a été un véritable défi pour les designers.

A small dressing table was placed beside the window to take advantage of one of the corners of the bedroom.

Se colocó un pequeño tocador junto a la ventana para aprovechar uno de los rincones del dormitorio.

Pour utiliser l'un des coins de la chambre à coucher, une petite coiffeuse a été placée près de la fenêtre.

Rendering/Render/Rendí photoréaliste

The large bamboo bookcase runs the length of the main room and unifies the dining and living spaces.

La gran librería de bambú recorre la sala principal y unifica el espacio del comedor y del salón.

La grande bibliothèque en bambou parcourt le mur de la salle principale et uniformise l'espace réservé au salon et à la salle à manger.

The aim of redesigning the home was to create a space for storage without the interior becoming a succession of closed cupboards. Bamboo was used. It is a hard and ecological material, with great elasticity that provided an aesthetic in line with the whole. The project commenced with the redistribution of the space and with the restoration of the ceiling and of the old parquet floor. The entrance hall is an excellent example of the skill of the architects to establish the transition between the different spaces.

El proyecto de remodelación tenía como objetivo habilitar un espacio para el almacenaje sin que el interior de la vivienda se convirtiera en una sucesión de armarios cerrados. Para ello se utilizó el bambú, un material duro, de gran elasticidad y ecológico que aportó una estética uniforme al conjunto. Se comenzó por la redistribución del espacio y por la restauración del techo y del viejo suelo de parquet. El recibidor es un excelente ejemplo de la habilidad de los arquitectos para establecer la transición entre los distintos espacios.

La rénovation de ce logement avait pour objectif d'aménager un espace pour le rangement, sans que l'intérieur ne se transforme en une succession de placards fermés. Pour cela, le bambou, matériau dur, écologique et d'une grande élasticité a été utilisé, conférant à l'ensemble une esthétique uniforme. La première phase de rénovation a été la redistribution de l'espace, ainsi que la restauration du toit et de l'ancien parquet. L'entrée illustre parfaitement l'aménagement réalisé par les architectes pour établir la transition entre les différents espaces.

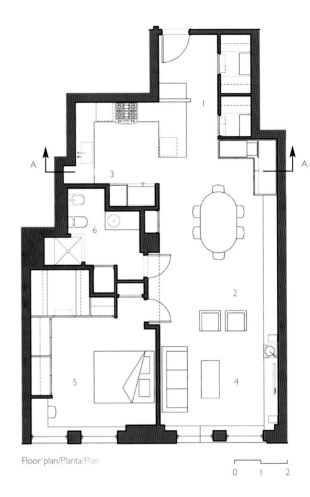

Floor plan/Planta/Plan

0   I   2

1. Hall/Vestíbulo/Vestibule
2. Dining room/Comedor/Salle à manger
3. Kitchen/Cocina/Cuisine
4. Living room/Sala de estar/Salle de séjour
5. Bedroom/Dormitorio/Chambre à coucher
6. Bathroom/Baño/Salle de bain

The bookcase is made of two separate elements, leaving part of the wall visible to achieve a sensation of more space.

La librería se compone de dos bloques separados, dejando a la vista parte de la pared para aumentar la sensación de amplitud.

La bibliothèque est composée de deux éléments séparés qui laissent visible une partie du mur permettant d'accentuer la sensation d'espace.

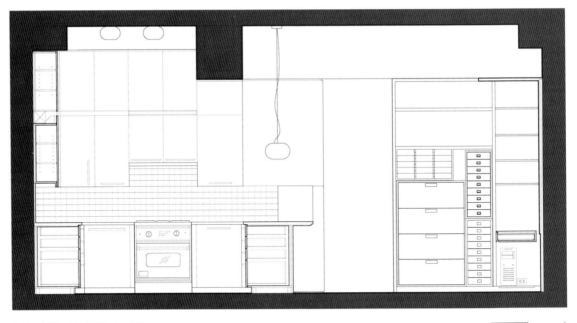

Section AA'/Sección AA'/Section AA'

0   I

The height of the ceilings was used to install more cupboards in the kitchen and gain space for storage.

Se aprovechó la altura de los techos para instalar más armarios en la cocina y obtener espacio para el almacenaje.

Dans la cuisine, la hauteur des toits a été utilisée de façon optimale afin d'installer un plus grand nombre de placards et de gagner de l'espace pour le rangement.

Magnolia Apartment
Apartamento Magnolia
Appartement Magnolia

93 m²/1,000 sq ft

Seattle, WA, United States

Architect: Finne Architects

Photography: Benjamin Benschneider

The project was mainly focused on the design of a new kitchen. After the restoration, this was converted into a simple and spacious room, with furniture and accessories selected with great care.

El proyecto se centró principalmente en el diseño de una nueva cocina. Tras la restauración, ésta se convirtió en un espacio sencillo y amplio, cuyos muebles y accesorios fueron seleccionados con sumo cuidado.

Le projet s'est principalement concentré sur la conception d'une nouvelle cuisine. Une fois restaurée, la cuisine s'est transformée en un espace simple et spacieux, disposant de meubles et d'accessoires minutieusement choisis.

The kitchen cupboards were also designed by order; blanched Alaskan cedar wood frames and bamboo panels were used.

Los armarios de la cocina también fueron diseñados por encargo; se utilizaron para ello marcos de cedro blanqueado de Alaska y paneles de bambú.

Les placards de la cuisine ont été conçus sur mesure ; ils ont été réalisés à l'aide de panneaux en bambou et leur encadrement est en cèdre d'alaska blanchi.

The two tables (the kitchen island and the dining room table) were made from two elm planks, a resistant and very decorative material.

Las dos mesas (la isla de la cocina y la del comedor) han sido realizadas con dos tablones de olmo, un material resistente y muy decorativo.

Les deux tables (l'îlot de la cuisine et celui de la salle à manger) ont été fabriquées avec deux planches d'ormes, un matériau résistant et très décoratif.

Noble materials such as steel, bronze, a variety of bamboo and natural fabrics were used in the renovation of the apartment. The old kitchen and the dining room were two different spaces divided by a partition, which was eliminated to create just one much more spacious room. The result is a kitchen-dining room with a length of approximately 33 ft with shelves and counters along the walls. The two long tables that occupy the central space were manufactured especially for the project.

En la rehabilitación de este apartamento se emplearon materiales nobles como el acero, el bronce, una variedad de bambú y tejidos naturales. La antigua cocina y el comedor eran dos estancias distintas divididas por un tabique, que fue eliminado para crear un único espacio mucho más amplio. El resultado es una cocina comedor de 10 m de largo aproximadamente, con estanterías y mostradores a lo largo de las paredes. Las dos mesas largas que ocupan el espacio central fueron diseñadas especialmente para el proyecto.

Lors de la rénovation de cet appartement, des matériaux nobles, comme l'acier et le bronze, ainsi qu'une variété de bambou et de tissus naturels ont été utilisés. Jadis, l'ancienne cuisine et la salle à manger étaient deux pièces distinctes séparées par une cloison, qui a été détruite afin de créer un espace unique beaucoup plus spacieux. Cet aménagement a permis de réaliser une cuisine-salle à manger d'environ 10 m de long, équipée d'étagères et de comptoirs le long des murs. Les deux longues tables qui occupent l'espace central ont été spécialement fabriquées pour ce projet.

Floor plan/Planta/Plan   0   1

1. Kitchen/Cocina/Cuisine
2. Dining room/Comedor/Salle à manger
3. Living room/Sala de estar/Salle de séjour
4. Toilet/Lavabo/Salle d'eau

The Millhouse
El Molino
Le Moulin

93 m²/1,000 sq ft

Västra Karup, Skåne, Sweden

Architect: Wingårdh Arkitektkontor

Photography: Åke E: Son Lindman, James Silverman

The county of Skåne, in southern Sweden, is famous for its conifer forests and pools of water; an ideal place to build a refuge and take shelter from day to day life.

El condado de Skåne, al sur de Suecia, es famoso por sus bosques de coníferas y espejos de agua; un lugar ideal para construir un refugio y guarecerse del mundanal ruido.

Le comté de Skåne, au sud de la Suède, est célèbre pour ses forêts de conifères et ses nombreux lacs ; un lieu idéal pour construire un refuge et s'isoler de l'agitation mondaine.

The natural light and open spaces provide serenity to a house that blends into the landscape.

La luz natural y los espacios abiertos aportan serenidad a una casa que se integra en el paisaje como si fuera un elemento más.

La lumière naturelle et les espaces ouverts apportent de la sérénité à une maison qui s'intègre parfaitement au paysage.

The owners commissioned the restoration of this old mill-house into a second residence to the Wingårdh studio. The result is a symmetric and welcoming space, doted with great personality and that successfully mixes quality and modernity. It is characterised by the choice of wood as the main raw material stands and by the spectacular spa in line with the Swedish tradition of saunas and baths.

Los propietarios encargaron al estudio Wingårdh el proyecto de rehabilitación de este antiguo molino para convertirla en una segunda residencia. El resultado es un espacio simétrico y acogedor, dotado de gran personalidad y que sabe mezclar calidez y modernidad. Destacan la elección de la madera como principal materia prima y un espectacular spa que sigue con la tradición sueca de la sauna y los baños.

Les propriétaires ont chargé le cabinet d'architectes Wingårdh de remodeler cet ancien moulin pour la transformer en résidence secondaire. Le projet a permis de créer un espace symétrique et accueillant, doté d'une grande personnalité, alliant chaleur et modernité. Le choix du bois comme matière première principale et la présence d'un spa fabuleux, correspondant à la tradition suédoise de saunas et bains, attirent l'attention.

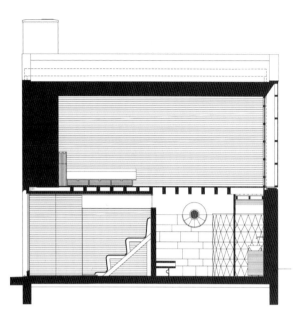

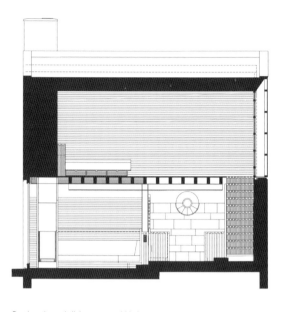

Section through sauna and bathroom
Sección a través de la sauna y el baño
Coupe du sauna et de la salle de bain

Section through living area and kitchen
Sección a través de la sala de estar y la cocina
Coupe de la salle de séjour et de la cuisine

0   1   2

The tones of the wood, the range of colours and the decorative details define the unique character of the dwelling.

Las tonalidades de madera, la gama de colores y los detalles decorativos definen el carácter unitario de la residencia.

Les différentes teintes de bois, la gamme de couleurs et les éléments décoratifs définissent le caractère unitaire de la résidence.

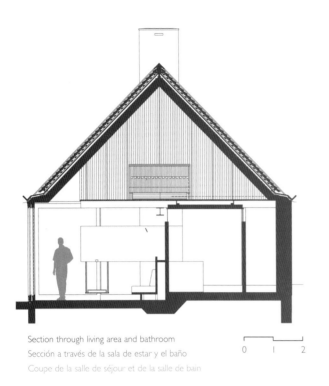

Section through living area and bathroom
Sección a través de la sala de estar y el baño
Coupe de la salle de séjour et de la salle de bain

0   1   2

There was no doubt about the installation of a sauna, not only in order to continue the Nordic tradition but also to convert the dwelling into a pleasant place to relax and unwind.

Era indispensable instalar una sauna, no sólo para continuar la tradición nórdica, sino para convertir la vivienda en un lugar agradable donde descansar y disfrutar.

Il était indispensable d'installer un sauna, non seulement pour perpétuer la tradition nordique, mais également afin de transformer ce logement en un lieu agréable pour se reposer et s'amuser.

An Oneiric Space

Un Espacio Onírico

Un Espace Onirique

95 m²/1,023 sq ft

Lippstadt, Germany

Architects: Kitzig Interior Design & Architecture

Photography: Torsten Leinkämper

This original 1830 residence was completely renewed in order to redistribute the spaces in such a way that the atmospheres were more functional and comfortable. The decoration is characterised by a sober and elegant style.

Esta residencia original de 1830 fue rehabilitada completamente para redistribuir los espacios de modo que los ambientes fueran más funcionales y confortables. La decoración se caracteriza por un estilo sobrio y elegante.

Cette résidence, construite en 1830, a été entièrement réhabilitée pour ré-agencer les espaces de manière à ce que les pièces soient plus fonctionnelles et plus confortables. Un style sobre et élégant caractérise la décoration de cette maison.

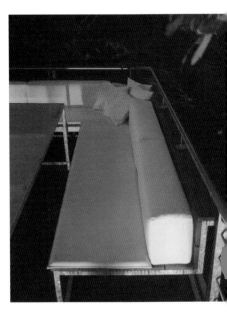

The garden, where an outdoor dining area has been installed, shows how lighting is crucial for creating warm ambiences.

El jardín, donde se ha instalado un comedor exterior, demuestra la importancia de la iluminación para conseguir ambientes cálidos.

Le jardin où a été installée une salle à manger extérieure illustre le rôle essentiel joué par l'éclairage pour créer des ambiances chaleureuses.

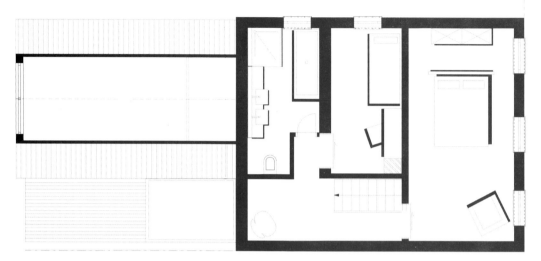

Existing floor plan/Planta original/Plan originel

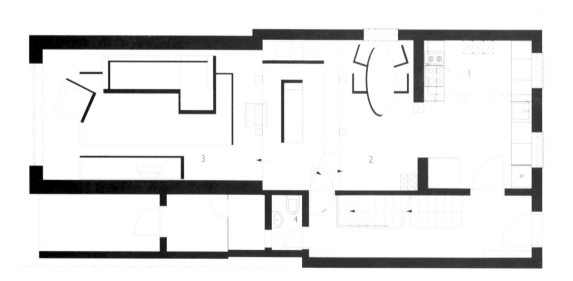

New floor plan/Nueva planta/Nouveau plan

0   1   2

1. Kitchen/Cocina/Cuisine

2. Dining room/Comedor/Salle à manger

3. Living room/Sala de estar/Salle de séjour

4. Toilet/Lavabo/Salle d'eau

The intervention which included the total renovation of the electric installations and of the central heating also included the decoration. The white colour of the furniture and of the tiling created an almost oneiric interior. Likewise, the lighting played an important role: the white blended with the warm hues of light to create an intimate atmosphere. Some pillars and an old chimney were restored and the garden was remodelled.

La intervención, que incluyó la renovación total de las instalaciones eléctricas y de la calefacción, también se ocupó de la decoración. El color blanco del mobiliario y del pavimento creó un interior casi onírico. Asimismo, la iluminación desempeña un papel importante: el blanco, matizado por la calidez de una tenue luz, crea un ambiente íntimo. Se restauraron unas columnas y una vieja chimenea y se remodeló el jardín.

Le projet qui a inclut la rénovation totale des installations électriques et du chauffage, a également concerné la décoration. La couleur blanche du mobilier et du sol crée un intérieur presque onirique. Par ailleurs, l'éclairage joue un rôle important : le blanc reste nuancé par la chaleur de la lumière tamisée qui contribue à créer une atmosphère intime. Des colonnes et une vieille cheminée ont été restaurées et le jardin a été remodelé.

The kitchen is connected to the dining room which occupies a large central space. The decoration is an example of impeccable taste, even in the kitchen.

La cocina se comunica con el comedor y ocupa un gran espacio central. El buen gusto define la decoración, incluso en la cocina.

La cuisine communique avec la salle à manger et occupe un grand espace central. Un goût raffiné caractérise la décoration, y compris celle de la cuisine.

Podolsky Apartment
Apartamento Podolsky
Appartement Podolsky

95 m²/1,023 sq ft

New York, NY, United States

Architect: Visconti Architecture

Photography: Frank Visconti, AIA

Despite the limited budget, the architects decided to redefine the original concept of space distribution and modernise the apartment.

A pesar de que el presupuesto del proyecto era moderado, los arquitectos decidieron redefinir el concepto original de distribución del espacio y renovar completamente el apartamento.

Malgré un budget réduit pour réaliser ce projet, les architectes ont décidé de redéfinir le concept original de la distribution de l'espace et de rénover complètement l'appartement.

Various accessories provide different textures and a note of colour to the whole, breaking with the white monochrome.

Los complementos aportan texturas distintas y una nota de color al conjunto, rompiendo con la monocromía del blanco.

Les accessoires apportent différentes textures et une note de couleur à l'ensemble, tranchant avec la monochromie de blanc.

The original style that characterises this type of central New York buildings was modified, emphasising the concrete and steel, in order to create a simpler space, without mouldings or excessive detail. The architect thus defined a unique spatial expression and managed to dote the apartment with space. Likewise, the length of the main corridor was reduced to lengthen the dining room, and the walls of the kitchen were eliminated and replaced with resin panels that enable the light to reach the central area of the dwelling.

Se modificó el estilo original que caracteriza a este tipo de edificios del centro de Nueva York, en los que destacan el hormigón y el acero, para crear un espacio más sencillo, sin molduras ni excesivos detalles. Con ello se definió la expresión espacial de la arquitectura y se consiguió dotar al apartamento de amplitud. Asimismo, se redujo la longitud del pasillo principal para alargar el comedor, y las paredes de la cocina fueron eliminadas y reemplazadas por unos paneles de resina que permiten que la luz llegue al sector central de la vivienda.

Le style original qui caractérise ce type d'immeubles dans le centre de New York, où dominent le béton et l'acier, a été modifié afin de créer un espace plus sobre, sans moulures et sans surcharge de détails. Ces modifications ont définies l'expression spatiale de l'architecture et ont permis de doter l'appartement de grands espaces. Par ailleurs, la longueur du couloir principal a été réduite pour agrandir la salle à manger et les murs de la cuisine ont été abattus et remplacés par des panneaux en résine qui permettent de laisser passer la lumière jusqu'au centre de l'appartement.

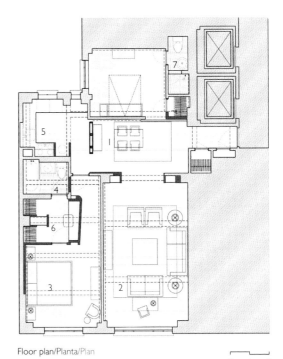

Floor plan/Planta/Plan

0 1 2

1. Dining room/Comedor/Salle à manger
2. Living room/Sala de estar/Salle de séjour
3. Bedroom/Dormitorio/Chambre à coucher
4. Bathroom/Baño/Salle de bain
5. Kitchen/Cocina/Cuisine
6. Guestroom studio/Cuarto de invitados y estudio/Studio d'amis
7. Toilet/Lavabo/Salle d'eau

In the dining area, a large sliding panel 7 ft high by 7 ft long is opened to a guest room that can also be used as a study

En el comedor, un gran panel corredero de 2 m de alto por 2 m de largo se abre a un cuarto de huéspedes que puede emplearse también como estudio.

Dans la salle à manger, un grand panneau de 2 m de haut sur 2 m de large s'ouvre sur la chambre d'amis, qui peut également servir de bureau.

Cunning Part
Un Elemento de Astucia
Un Parti Astucieux

97 m²/1,044 sq ft

London, England

Architect: Hut Architecture

Photography: Matt Chisnall

Located on Primrose Hill, in North London, this typical 80s brick house is an eclectic, elegant and modern space.

Situada en Primrose Hill, al norte de Londres, esta típica casa de ladrillos de los años ochenta es un espacio ecléctico, elegante y moderno.

Située à Primrose Hill, au nord de Londres, cette typique maison en brique, construite dans les années quatre-vingt, est un lieu à la fois éclectique, moderne et élégant.

The exterior of the house was modified in order to achieve spaces that would adapt to the necessities of the owners.

Se modificó el exterior de la casa para conseguir espacios que se ajustaran a las necesidades de los propietarios.

L'extérieur de la maison a été modifié pour que les espaces puissent s'adapter aux besoins des propriétaires.

The project consisted in providing practical solutions to a small family who wanted to give their home a modern aspect. Two areas were defined: the first as a work place and the second as a space for leisure. The old garage was fitted out as a second bedroom that joins a partially-covered patio and materials were carefully chosen in order to create a warm atmosphere. The design of the bathroom harmonises with the rest of the house, which combines ethnic styles with other more sophisticated ones.

El proyecto consistía en proporcionar soluciones prácticas a una pequeña familia que quería dar un aspecto moderno a su vivienda y delimitar dos áreas: la primera como lugar de trabajo y la segunda como espacio para el ocio. Se habilitó un antiguo garaje como segundo dormitorio, que conecta con un patio parcialmente cubierto, y se escogieron los materiales con sumo cuidado para crear una atmósfera cálida. El diseño del baño armoniza con el resto de la casa, que combina estilos étnicos con otros más sofisticados.

Le projet consistait à proposer des solutions pratiques à une petite famille, qui souhaitait moderniser sa maison et délimiter deux zones : la première devait être un lieu de travail et la seconde, un espace consacré aux loisirs. L'ancien garage a été aménagé en deuxième chambre à coucher donnant sur une cour partiellement couverte. Par ailleurs, les matériaux ont été minutieusement choisis afin de créer une atmosphère chaleureuse. Le design de la salle de bain est en harmonie avec le reste de la maison, qui combine différents styles ethniques et d'autres plus sophistiqués.

There is a small reading corner beside the dining room, and slightly removed from the living room. The decoration in natural colours and the wood create warm spaces.

Junto al comedor, y alejado del salón, se encuentra un pequeño rincón de lectura. La decoración en colores claros y la madera crean espacios cálidos.

A côté de la salle à manger et éloigné du salon, un petit coin réservé à la lecture a été aménagé. La décoration, caractérisée par l'utilisation de couleurs claires et le bois, créent des espaces chaleureux.

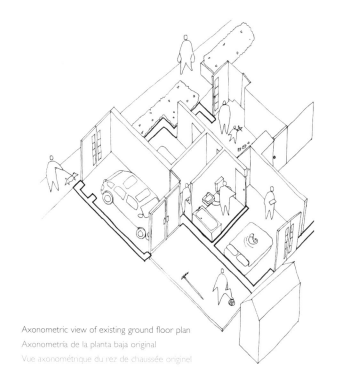

Axonometric view of existing ground floor plan
Axonometría de la planta baja original
Vue axonométrique du rez de chaussée originel

337

The decoration of the living room shows an ethnic style that combines materials and different textures.

La decoración del salón muestra un estilo étnico que combina distintos materiales y texturas.

La décoration du salon se caractérise par un style ethnique qui associe différents matériaux et textures.

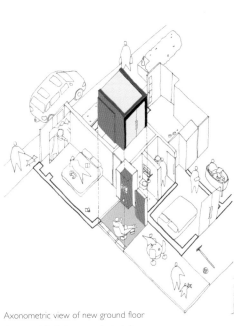

Axonometric view of new ground floor
Axonometría de la nueva planta baja
Axonométrie du nouveau rez de chaussée

Duplex for two Artists
Dúplex para dos Artistas
Duplex pour deux Artistes

98 m²/1,055 sq ft

Hamburg, Germany

Architects: P. J. Gonzalez, J. Haase/Atelier

Architecture & Scenography

Photography: Thomas Meyer/Ostkreuz

Agentur der Fotografen

This modern attic occupies the upper part of a nineteenth century building located in the city centre. The apartment's large windows provide views over the surrounding green areas.

Este moderno ático ocupa la parte superior de un edificio del siglo XIX situado en el centro de la ciudad. Los ventanales del apartamento permiten apreciar los espacios verdes de los alrededores.

Situé en plein c?ur de la ville, cet attique de style moderne occupe la partie supérieure d'un immeuble datant du XIXème siècle. Les baies vitrées de l'appartement permettent d'admirer les espaces verts situés aux alentours.

The stair, with a metal handrail is elegant and stylised. The steps were constructed of one sole piece of 0.2 inches stainless steel.

La escalera, con una barandilla de metal, es elegante y estilizada. Los peldaños se construyeron con una sola pieza de acero inoxidable de cinco milímetros.

L'escalier, doté d'une rampe en métal, se distingue par son élégance et son esthétique. Les marches sont constituées d'une seule pièce en acier inoxydable de cinq millimètres d'épaisseur.

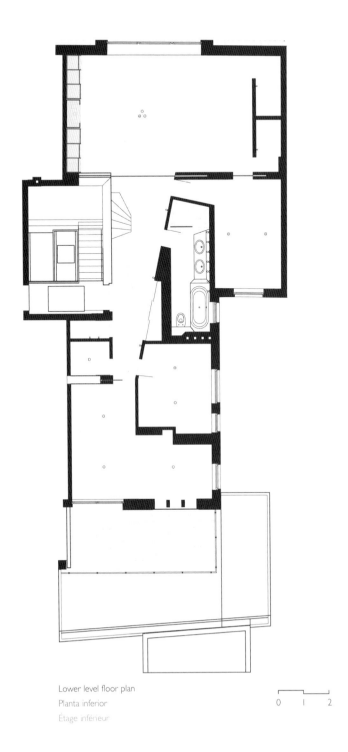

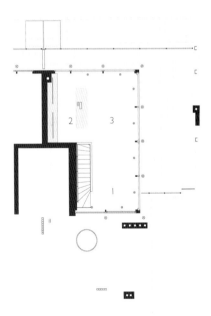

Upper level floor plan
Planta superior
Étage supérieur

0 1 2

1. Living room/Sala de estar/Salle de séjour
2. Dining room/Comedor/Salle à manger
3. Kitchen/Cocina/Cuisine

Lower level floor plan
Planta inferior
Étage inférieur

0 1 2

The large light functional space is characterised by the absence of decorative elements, with the exception of the standard lamp that hangs over the table.

El espacio, funcional, amplio y luminoso, se caracteriza por la ausencia de elementos decorativos, a excepción de una lámpara de pie que cuelga sobre la mesa.

L'espace, fonctionel, ample et lumineux, se caractérise par l'absence d'éléments décoratifs, à l'exception de la lampe à pied, qui repose sur la table.

The combination of a cleverly-devised layout and large windows mean that all the spaces enjoy abundant natural light and beautiful views. Lighting plays an important role and gives the project its identity. The outstanding architecture of the hall, combined with minimalist decoration creates a refreshing, relaxed and contemporary atmosphere. The walls, the ceiling and the white floors combine with the clean-cut lines of the furniture and provide unity to the room.

Gracias a una acertada distribución y a unos grandes ventanales, todos los espacios disfrutan de abundante luz natural y hermosas panorámicas. La iluminación desempeña, pues, un papel importante y aporta identidad al proyecto. La sala, de arquitectura y decoración minimalistas, es un ambiente fresco, relajado y contemporáneo. Las paredes, el techo y los suelos blancos se combinan con las líneas puras del mobiliario y aportan unidad a la estancia.

Grâce à un aménagement réfléchi et à de grandes baies vitrées, tous les espaces bénéficient d'un apport abondant de lumière naturelle et jouissent de magnifiques vues panoramiques. L'éclairage joue un rôle très important et confère au projet une certaine singularité. La salle de séjour, caractérisée par une architecture et une décoration minimaliste, crée une ambiance rafraîchissante, reposante et contemporaine. Les murs, le toit et les sols blancs sont en harmonie avec les lignes épurées du mobilier et confèrent une certaine unité à la pièce.

Nob Hill Pied-à-Terre
Piso en Nob Hill
Pied-à-Terre à Nob Hill

98 m²/1,055 sq ft

San Francisco, CA, United States

Architect: Ogrydziak & Prillinger Architects

Photography: Ogrydziak & Prillinger Architects

This pied-à-terre, located on the tenth floor of a 1928 building became famous after its appearance in the film The Maltese Falcon, based on the novel by Dashiell Hammett.

Este *pied-à-terre*, ubicado en el décimo piso de un edificio del 1928, cobró fama tras su aparición en la adaptación cinematográfica de *El Halcón Maltés*, basada en la novela de Dashiell Hammett.

Ce pied-à-terre, situé au dixième étage d'un immeuble de 1928, est devenu célèbre après son apparition dans l'adaptation cinématographique de *El Halcón Maltés*, inspirée du roman de Dashiell Hammett.

When the door is open, the bedroom becomes integrated with the rest of the residence and enjoys greater space.

Cuando la puerta está abierta, el dormitorio se integra en el resto de la residencia y se puede disfrutar de mayor amplitud.

Lorsque la porte est ouverte, la chambre à coucher s'intègre au reste de la résidence et peut bénéficier d'un plus grand espace.

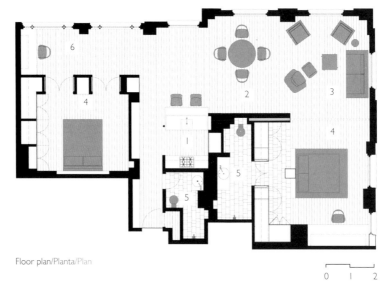

Floor plan/Planta/Plan

0   1   2

1. Kitchen/Cocina/Cuisine
2. Dining room/Comedor/Salle à manger
3. Living room/Sala de estar/Salle de séjour
4. Bedroom/Dormitorio/Chambre à coucher
5. Bathroom/Baño/Salle de bain
6. Studio/Estudio/Studio

An extra bedroom and a small desk were placed at the other side of the apartment.

Se situaron un dormitorio auxiliar y un pequeño escritorio en un extremo del apartamento.

A l'extrémité de l'appartement, une chambre d'appoint et un petit bureau ont été aménagés.

The bright colours and the wooden floor have a leading role in integrating the living room, dining room and kitchen.

Los colores vivos y el suelo de madera son los protagonistas de este espacio, que integra salón, comedor y cocina.

Les couleurs vives et le sol en bois constituent les principales caractéristiques de cet espace, qui intègre salon, salle à manger et cuisine.

The main objective of the alterations was to remodel the spaces in order to take the best advantage of the views, provided by the privileged location of the dwelling. The social and private areas are superimposed and defined by flexible frontiers (e.g. the cherry tree wood sliding door of the main bedroom) which create a dynamic space that adapts to different uses.

El principal objetivo de la reforma fue reconfigurar los espacios para sacar el máximo partido de las vistas, ya que la vivienda disfrutaba de una ubicación privilegiada. Las zonas públicas y privadas se superponen y están definidas por medio de fronteras flexibles —como la puerta corredera de cerezo del dormitorio principal— que crean un espacio dinámico que cambia para adaptarse a sus diferentes usos.

Le principal objectif de cette rénovation a été de reconfigurer les espaces afin de tirer parti au maximum du panorama, étant donné que cet appartement jouit d'une situation privilégiée. Les parties communes et privées se superposent et sont délimitées grâce à des cloisons modulables —comme la porte coulissante en bois de cerisier de la chambre à coucher principale— qui créent un espace dynamique transformable, pouvant s'adapter aux différentes utilisations.

Agnelli Apartment
Apartamento Agnelli
Appartement Agnelli

98 m²/1,055 sq ft

Emilia Romagna, Italy

Architects: Filippo Agnelli, Andrea Folli

Photography: Daniele Domenicali

This apartment, together with two others, forms part of an old building dating back to the year 950 and which was probably one of the first churches of the city Emilia Romagna.

Este apartamento, junto con otros dos, forma parte de un antiguo edificio datado en el año 950 y que, probablemente, fue la primera iglesia de la ciudad Emilia Romagna.

Cet appartement et deux autres logements font partie d'un ancien bâtiment datant de 950 qui a probablement été la première église de la ville d'Emilia Romagna.

The main dining room was located in front of an old wooden window that floods the room with natural light. An extra marble table completes the room.

Se situó el comedor principal frente a una antigua ventana de madera que inunda la estancia de luz natural. Una mesa auxiliar de mármol completa la estancia.

La salle à manger principale se situe en face d'une ancienne fenêtre en bois, qui inonde la pièce de lumière naturelle. Une table d'appoint en marbre complète la pièce.

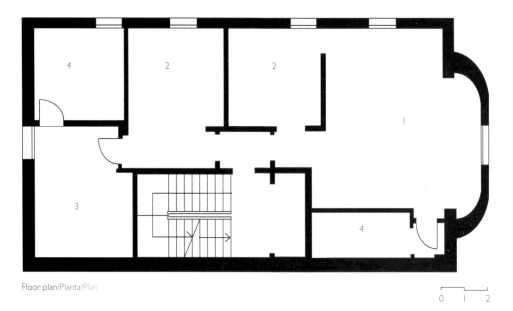

Floor plan/Planta/Plan

0 1 2

1. Kitchen dining/Cocina comedor/Cuisine salle à manger   3. Bedroom/Dormitorio/Chambre à coucher
2. Living room/Sala de estar/Salle de séjour   4. Bathroom/Baño/Salle de bain

A sober style was used for the decoration of the bedroom, with some classic touches and warm colours.

Para la decoración del dormitorio se optó por un estilo sobrio con algunos toques clásicos y colores cálidos.

Un style sobre, caractérisé par quelques touches classiques et des couleurs chaudes, a été choisi pour décorer la chambre à coucher.

The building has undergone a profound restoration, and is it difficult to imagine that the apartment is so many centuries old. The home is composed of a bedroom, a spacious living room and an elegant kitchen-dining room. The bedroom is on the west side of the dwelling, while the more transitory areas occupy the south-east wings of the house. The decoration is characterised by the American cherry wood and the orange kitchen wall.

El edificio ha sufrido una profunda rehabilitación, por lo que resulta difícil imaginar que el apartamento tenga tantos siglos de antigüedad. La vivienda está compuesta por un dormitorio, un amplio salón y una elegante cocina comedor. El primero se encuentra en el lado oeste de la vivienda, mientras que las zonas más transitadas ocupan las alas sur y este de la casa. En cuanto a la decoración, destaca la madera de cerezo americano y el color naranja de la pared de la cocina.

L'immeuble a subi une profonde restauration, c'est pourquoi il est difficile d'imaginer l'âge antique de cet appartement. Le logement comprend une chambre à coucher, un grand salon et une élégante cuisine-salle à manger. La chambre à coucher se situe dans la partie ouest de l'appartement, contrairement aux zones de passage qui occupent les ailes sud et est de la maison. En ce qui concerne la décoration, le bois de cerisier américain et la couleur orange du mur de la cuisine attirent l'attention.

The kitchen, painted a bright orange colour, is a functional room that takes maximum advantage of the available space.

La cocina, pintada de un brillante color naranja, es una estancia funcional que aprovecha al máximo el espacio disponible.

La cuisine, peinte en orange brillant, est une pièce fonctionnelle qui tire parti au maximum de l'espace disponible.

Loft 34

Loft 34

Loft 34

99 m²/1,066 sq ft

Buenos Aires, Argentina

Architect: Najmias Arquitectos

Photography: Oliverio Najmias, Csaba Herke

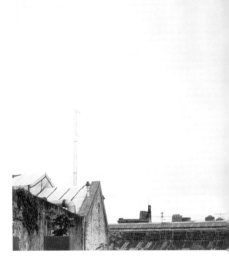

This residence is found in an old industrial building that dates back to the end of the nineteenth century. The construction that was the electricity plant of the first light company has undergone various modifications throughout the years.

Esta residencia se encuentra en un antiguo edificio industrial que data de finales del siglo XIX. La construcción, que fue la central eléctrica de la primera compañía de luz, ha sufrido diversas modificaciones a lo largo de los años.

Cette résidence se situe dans un ancien immeuble industriel datant de la fin du XIXeme siècle. La construction, qui à l'origine servait de centrale électrique à la première compagnie d'électricité, a subi diverses modifications au cours des années.

A bridge leading from the bedroom terrace leads to the roof where there is a fantastic view over the rooftops of the building.

Desde la terraza del dormitorio se accede a la cubierta por una pasarela, para disfrutar de una vista panorámica de los tejados del edificio.

Depuis la terrasse de la chambre à coucher, on peut accéder à une sorte de pont qui permet de profiter d'une vue panoramique sur les toits du bâtiment.

The building was altered to enable workshops and dwellings to be fitted out. A mezzanine was created in order to amplify the total surface area of the loft and the social areas were separated from the private areas, which were located on the upper floor. The lower floor is open and all the rooms are communicated. The bedroom, a bigger bathroom than the original one and a study are located on the mezzanine, which provides access to the rooftop, fitted-out as a terrace.

La reforma del edificio permitió habilitar varios talleres y viviendas. Se creó un entresuelo para ampliar la superficie total del loft y se separaron las zonas comunes de las privadas, que se ubicaron en la planta superior. La planta baja es abierta y las diferentes áreas están comunicadas entre sí. En el entresuelo se encuentran el dormitorio, el baño, más grande que el anterior, un estudio y un acceso a la cubierta del edificio, habilitado como terraza.

La rénovation du bâtiment a permis d'aménager plusieurs ateliers et logements. Afin d'agrandir la surface totale du loft, un entresol a été posé. Par ailleurs, les parties communes et privées, situées à l'étage, ont été séparées. Le rez-de-chaussée est un espace ouvert et les différents espaces communiquent. Au niveau de l'entresol, se trouvent la chambre à coucher, la salle de bain, plus spacieuse que la précédente, un bureau et un accès au toit du bâtiment, aménagé en terrasse.

The living room, with contemporary aesthetics, is at one extreme of the first floor,
where the day-time spaces are concentrated.

El salón, de estética contemporánea, se encuentra en un extremo de la primera
planta, donde se concentran los espacios de día.

Le salon, caractérisé par une esthétique contemporaine, se situe à l'extrémité du
premier étage où se concentrent les zones de jour.

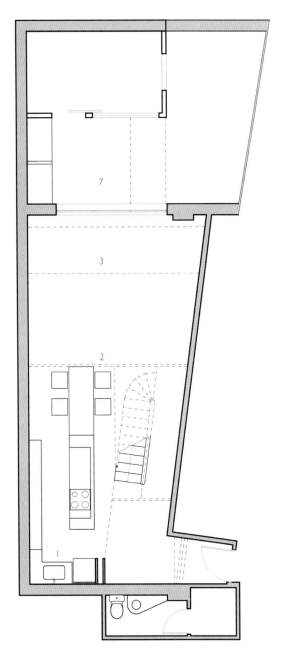

Lower floor plan/Planta inferior/Étage inférieur

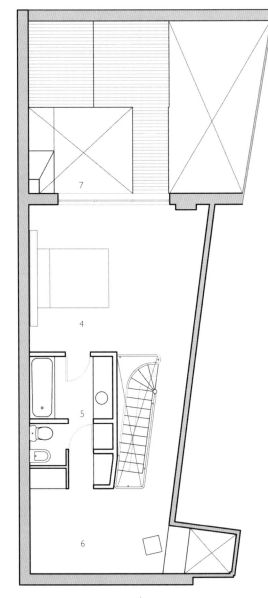

Upper floor plan/Planta superior/Étage supérieur

1. Kitchen/Cocina/Cuisine

2. Dining room/Comedor/Salle à manger

3. Living room/Sala de estar/Salle de séjour

4. Bedroom/Dormitorio/Chambre à coucher

5. Bathroom/Baño/Salle de bain

6. Studio/Estudio/Studio

7. Courtyard/Patio interior/Cour intérieure

0   1

The double height of the loft enabled a study to be created in the mezzanine, which is linked to the lower floor.

La doble altura del loft permitió ubicar un estudio en el entresuelo, que se comunica con la planta inferior.

La double hauteur du loft a permis d'aménager un bureau au niveau de l'entresol, qui communique avec l'étage inférieur.

The staircase, with folded wood panel steps welded to a cylinder, links the different areas and facilitates circulation.

La escalera, cuyos peldaños de chapa plegados están soldados a un cilindro, articula las diferentes áreas y facilita la circulación dentro del apartamento.

L'escalier, doté de marches en tôle pliée, soudées sur un cylindre, articule les différents espaces et facilite la circulation dans l'appartement.

Wasco Condominium

Condominio Wasco

Lotissement Wasco

99 m²/1,066 sq ft

Los Angeles, CA, United States

Architects: Escher GuneWardena Architecture

Photography: David Rahr

The renovation of this apartment, located in a central area of the city, consisted in adapting the interior spaces to a new distribution that created more space and luminosity.

El proyecto de rehabilitación de este apartamento, situado en una zona céntrica de la ciudad, consistió en adaptar los espacios interiores a una nueva distribución que permitiera ganar amplitud y luminosidad.

Le projet de restauration de cet appartement, situé en centre ville, a consisté à adapter les espaces intérieurs à une nouvelle distribution, permettant de gagner de l'espace et de la luminosité.

The building, from the 1960s, is found in a corner that enjoys privileged views of the Griffith Park hillside.

El edificio, de la década de los sesenta, se encuentra en una esquina que disfruta de privilegiadas vistas a la ladera de Griffith Park.

L'immeuble, construit dans les années soixante, se situe à l'angle d'une rue et bénéficie de vues privilégiées sur Griffith Park.

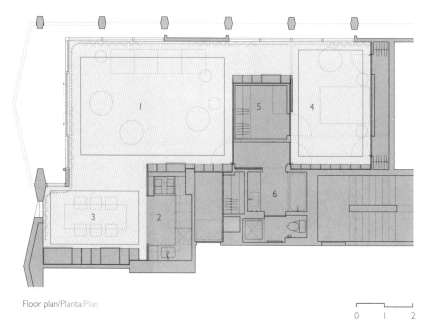

Floor plan/Planta/Plan

1. Living room/Sala de estar/Salle de sejour
2. Kitchen/Cocina/Cuisine
3. Dining room/Comedor/Salle à manger

4. Bedroom/Dormitorio/Chambre à coucher
5. Dressing room/Vestidor/Dressing
6. Bathroom/Baño/Salle de bain

0   1   2

The remodelling of the interior was to provide new lines, colours and textures without renouncing functionality or commodity. The day zones, like the living room and the dining room, are now more spacious and luminous. In the living room the windows that flood the interior of the dwelling with light are the main element. Order has a main role: elegant shelves in the bedroom, the hall and the dining room provide space for books and other objects.

La renovación del interior debía aportar nuevas líneas, colores y texturas sin renunciar a la funcionalidad ni a la comodidad. Las zonas de día, como el salón y el comedor, son ahora más amplias y luminosas. En la sala de estar destacan los ventanales que inundan de luz el interior de la vivienda. El orden tiene un papel fundamental: unas elegantes estanterías dispuestas en el dormitorio, la sala y el comedor proporcionan espacio para colocar libros y otros objetos.

La rénovation de l'intérieur devait apporter de nouvelles lignes, de nouvelles couleurs et de nouvelles textures, sans renoncer à la fonctionnalité ni au confort. Les zones de jour, comme le salon et la salle à manger, jouissent désormais de plus d'espace et de confort. Dans la salle de séjour, les baies vitrées qui inondent de lumière l'intérieur de l'appartement, attirent l'attention. Le rangement joue un rôle essentiel : d'élégantes étagères, installées dans la chambre à coucher, la salle et la salle à manger permettent d'entreposer livres et autres objets.

Mérida 49 Apartment

Apartamento Mérida 49

Appartement Mérida 49

100 m²/1,076 sq ft

Mexico DF, Mexico

Architect: Higuera & Sánchez

Photography: Luis Gordoa (exteriores),

Jair Navarrete (interiores)

This apartment is in a building catalogued by the Mexican Institution of Belles Artes. The renovation and amplification of the project has resulted in an old building with a modern interior.

Este apartamento se encuentra en un edificio catalogado por el Instituto Nacional de Bellas Artes mexicano. Después del proyecto de renovación y ampliación, el resultado es un edificio antiguo con un interior actual.

Cet appartement se trouve dans un immeuble classé par l'Institut national des Beaux-arts mexicain. Le projet de rénovation et d'agrandissement a permis de créer un intérieur moderne dans un ancien immeuble.

The entrances to all the ground floor duplexes' social areas (kitchen, dining room and living room) are on the ground floor.

La planta baja alberga los accesos a las zonas comunes (cocina, comedor y sala de estar) de todos los dúplex bajos.

Le rez-de-chaussée permet d'accéder aux parties communes (cuisine, salle à manger et salle de séjour) de tous les duplex situés en bas.

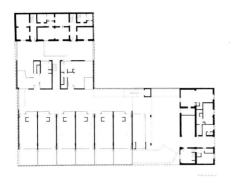

Lower floor plan
Planta inferior
Étage inférieur

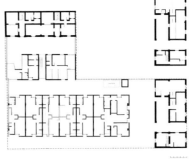

Upper floor plan
Planta superior
Étage supérieur

0   5   10

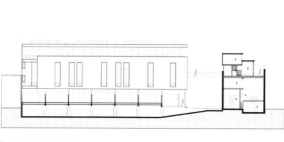
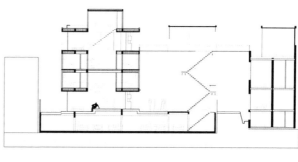

Section/Sección/Section

0   1   2

The double height of the ceilings gives width to the living room and a stair with a steel base and wooden steps leads to the second floor.

La doble altura de los techos da amplitud al salón y una escalera con la base de acero y los peldaños de madera conduce al segundo piso.

La double hauteur des toits donne de la grandeur au salon et un escalier, dont la structure est en acier et les marches en bois, mène au deuxième étage.

The building consists of seven apartments of 1,066, 1,367 and 1,690 sq ft in an L-shaped block. The apartments are distributed in four levels and the semi-basement has been fitted as a car-park. The rustic floor, made of coloured and polished cement, is particularly noteworthy. The bedroom floors are composed of slats of pine with natural varnish. The dark tone of the stairs that stretches from one side of the dwelling provides depth to the space, in contrast to the clarity of the floors and walls.

El edificio consta de siete apartamentos de 100, 127 y 157 m² dispuestos en un bloque en forma de L. Las viviendas se distribuyen en cuatro niveles y se habilitó el semisótano como aparcamiento. Destaca el suelo rústico de cemento pulido con color. Los suelos de los dormitorios están compuestos por lamas de pino con barniz natural. La tonalidad oscura de la escalera que atraviesa por un lado la vivienda aporta profundidad a la estancia en contraste con la claridad de los suelos y de las paredes.

L'immeuble comprend 7 appartements de 100, 127 et 157 m², disposés en un bloc en forme de L. Les logements sont répartis sur quatre étages et la moitié du sous-sol a été aménagé comme parking. Le sol rustique, réalisé en ciment poli coloré, attire l'attention. Le sol des chambres à coucher est en parquet de pin, vernis à l'aide d'un produit naturel. La couleur sombre de l'escalier, qui traverse une partie de l'appartement, apporte de la profondeur à la pièce, contrastant avec la clarté des sols et des murs.

White Magic
Magia Blanca
Magie Blanche

100 m²/1,076 sq ft

Buenos Aires, Argentina

Architect: Adriana Grin for Estudio Saban Grin

Photography: Daniela Mac Adden

The district where this dwelling is located is very popular amongst young professionals who are initiating an independent life. Palermo has limitless bars and restaurants and a huge cultural life.

El barrio donde se encuentra esta vivienda es muy popular entre los jóvenes profesionales que inician una vida independiente. Palermo cuenta con un sinfín de bares y restaurantes y mucha vida cultural.

Le quartier où se situe ce logement est très apprécié des jeunes en activité, qui commencent à prendre leur indépendance. Palermo compte une infinité de bars et de restaurants et jouit d'une grande activité culturelle.

In the living room there is a balanced contrast between the white of the furniture and the chromatic force of the decorative elements.

El salón se distingue por un equilibrado contraste entre el blanco del mobiliario y la fuerza cromática de los elementos decorativos.

Le salon se distingue par le contraste équilibré entre le blanc du mobilier et la force chromatique des éléments décoratifs.

Although this 30s apartment needed improvements, it was a hidden treasure: very open spaces and a French architecture made it an ideal place for a home and study. The distribution was modified and it was decided to locate the dining room in the hall, which was also used to receive customers. This space connects with a bathroom, the kitchen, the dining room, a study and with a corridor that leads to the most private area, which houses two bedrooms, a changing room and a second bathroom.

Aunque este apartamento de los años treinta necesitaba una reforma, era un diamante en bruto: unos espacios muy amplios y una arquitectura francesa lo convertían en el lugar ideal para ubicar una vivienda y un estudio al mismo tiempo. Se modificó la distribución y se decidió ubicar el comedor en el vestíbulo, que se emplea también para recibir a los clientes. Este espacio conecta con un baño, la cocina, el salón, un estudio y un pasillo que conduce al área más privada, que alberga dos dormitorios, un vestidor y un segundo baño.

Malgré une restauration nécessaire, cet appartement des années trente était un véritable diamant brut : des espaces très spacieux et une architecture à la française en faisaient un endroit idéal pour y installer à la fois un logement et un bureau. La distribution a été modifiée et la salle à manger a été aménagée dans l'entrée, qui est également utilisée pour recevoir des clients. Cet espace est relié à la salle de bain, à la cuisine, au salon, au bureau et à un couloir qui mène vers les parties plus privées où se trouvent les chambres à coucher, un dressing et une deuxième salle de bain.

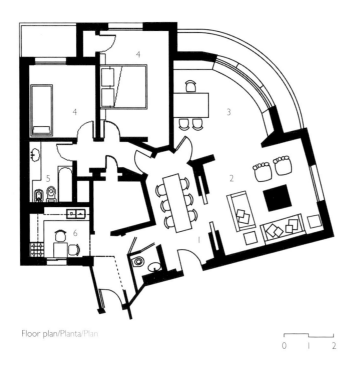

1. Dining room/Comedor/Salle à manger
2. Living room/Sala de estar/Salle de séjour
3. Studio/Estudio/Studio
4. Bedroom/Dormitorio/Chambre à coucher
5. Bathroom/Baño/Salle de bain
6. Kitchen/Cocina/Cuisine

Floor plan/Planta/Plan

0   1   2

The study includes a library that adapts to the curved form of the wall. A large board was
added in order to create a desk in simple lines.

El estudio incluye una librería que se adapta a la forma curva de la pared. Se añadió un
gran tablero para crear un escritorio de líneas sencillas.

Le bureau comprend une bibliothèque qui s'adapte à la forme incurvée du mur. Une
grande planche a été rajoutée pour créer un bureau aux lignes très simples.

The dining room table, located in the reception, is also used to receive customers.
It is the nexus of union with the rest of the rooms of the house.

La mesa de comedor, situada en el recibidor, se utiliza también para recibir a los
clientes. Es el nexo de unión con el resto de las estancias de la casa.

La table de la salle à manger, située dans l'entrée, est également utilisée pour
recevoir les clients. Elle sert de lien avec le reste des pièces de la maison.

The Art of Living
El arte de Vivir
L'Art de Vivre

100 m²/1,076 sq ft

Buenos Aires, Argentina

Architect: Adriana Grin for Estudio Saban Grin

Photography: Daniela Mac Adden

To create a private space that can also be used as a work place seems to be one of the most frequent demands in architecture this century, for example, this house which was to be used as an art gallery.

Crear un espacio privado que pueda emplearse también como lugar de trabajo parece haberse convertido en una de las demandas más frecuentes en la arquitectura de este siglo. Un ejemplo de ello es esta casa, que debía emplearse como galería de arte.

Créer des espaces privés pouvant également servir de lieu de travail semble être l'une des demandes les plus fréquentes pour l'architecte de ce siècle. Cette maison, qui devait également faire office de galerie d'art, illustre parfaitement ce constat.

A large Italian-design sofa in an L-shape presides over the living room and complements a white formica coffee table.

Un gran sillón de diseño italiano en forma de L preside la sala de estar y complementa una mesita de fórmica blanca.

Un grand fauteuil, caractérisé par un design italien et sa forme en L, trône dans la salle de séjour, complétant une table basse en formica blanc.

A wall with a mirror increases the sensation of space in the dining room, and two paintings create a unique effect.

En el comedor, una pared de espejo aumenta la sensación de espacio y dos cuadros crean un efecto singular.

Dans la salle à manger, un mur de miroirs accroît la sensation d'espace et la présence de deux tableaux crée un effet singulier.

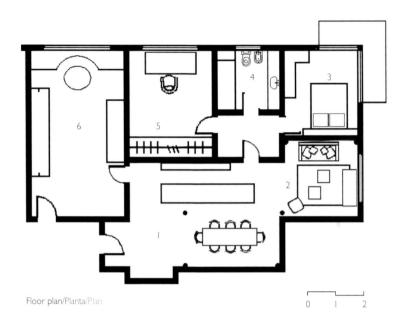

Floor plan/Planta/Plan

0   1   2

1. Dining room/Comedor/Salle à manger
2. Living room/Sala de estar/Salle de séjour
3. Bedroom/Dormitorio/Chambre à coucher

4. Bathroom/Baño/Salle de bain
5. Studio/Estudio/Studio
6. Kitchen/Cocina/Cuisine

The small dining room is a well-lit space; the light filters through from the window in the kitchen thanks to the frosted glass doors.

El pequeño comedor es un lugar muy iluminado; la luz de la ventana llega hasta la cocina gracias a las puertas de vidrio esmerilado.

La petite salle à manger est une pièce très lumineuse ; grâce aux portes en verre dépoli, la lumière de la fenêtre parvient jusqu'à la cuisine.

The apartment belongs to an art merchant who wanted to show his collection to his customers. This apartment is located in an Art Déco building in the la Recoleta district, in Buenos Aires. The intervention proposed integrating the different functions in a harmonious way and a clean space was designed, where the attention was focused on the paintings and objects of art. The surface areas were therefore painted white and special lights were installed so that the works of art should receive an adequate lighting.

El apartamento pertenece a un marchante de arte que quería mostrar su colección a sus clientes. El apartamento está situado en un edificio Art Déco del barrio de la Recoleta, en Buenos Aires. La intervención se propuso integrar las diferentes funciones de un modo armonioso y se diseñó un espacio limpio, donde la atención se centrara en los cuadros y en los objetos de arte. Para ello, se pintaron las superficies de blanco y se instalaron unas luces especiales para que las obras de arte recibieran una iluminación adecuada.

L'appartement appartient à un marchand d'art qui souhaitait montrer sa collection à ses clients. Il est situé dans un immeuble Art Déco du quartier de la Recoleta, à Buenos Aires. La restauration a consisté à intégrer les différentes fonctions de manière harmonieuse et a permis de concevoir un espace soigné, où l'attention se portera sur les tableaux et les objets d'art. Pour cela, les surfaces ont été peintes en blanc et des lustres singuliers ont été installés de manière à ce que les œuvres d'art reçoivent un éclairage approprié.

O'Higgins Apartment
Apartamento O'Higgins
Appartement O'Higgins

108 m²/1,162 sq ft

Buenos Aires, Argentina

Architect: López, Leyt, López, Yablon/Arquitectónika

Photography: Luis Carlos Abregú

This apartment forms part of a project in a small building with four family units (three duplexes and a loft), built in two blocks separated by a vertical patio.

Este apartamento forma parte de un proyecto de un pequeño edificio con un programa multifamiliar de cuatro unidades: tres dúplex y un loft construidos en dos bloques separados por un patio vertical.

Cet appartement fait partie d'un projet concernant un petit immeuble, avec un programme multifamilial composé de quatre unités : trois duplex et un loft construits en deux blocs séparés par un patio.

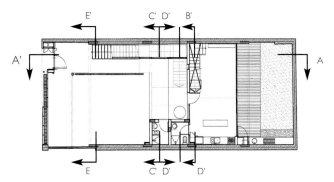

Ground floor plan/Planta baja/Rez de chaussée

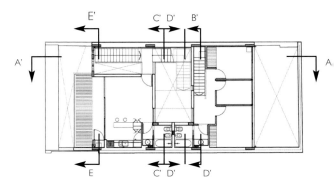

First floor/Primera planta/Premier étage

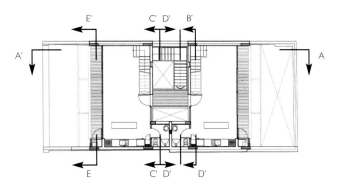

Second floor plan/Segunda planta/Deuxième étage

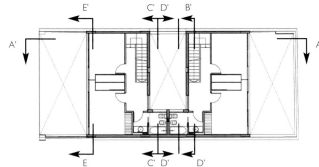

Third floor plan/Tercera planta/Troisième étage

0 1 2

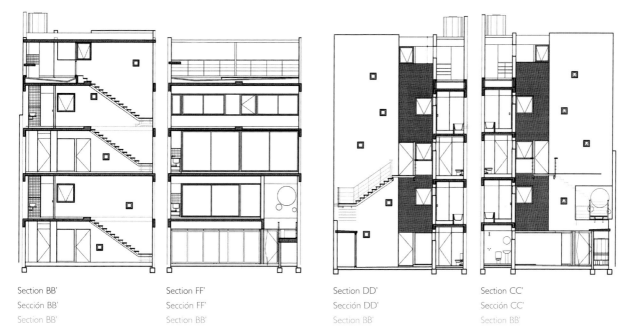

Section BB'
Sección BB'
Section BB'

Section FF'
Sección FF'
Section BB'

Section DD'
Sección DD'
Section BB'

Section CC'
Sección CC'
Section BB'

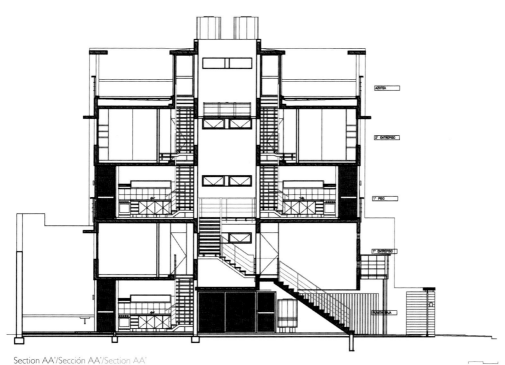

Section AA'/Sección AA'/Section AA'

0 1 2

Apartment lower floor plan/Planta inferior del apartamento/Étage inférieur de l'appartement

1. Living room/Sala de estar/Salle de séjour   4. Bathroom/Baño/Salle de bain

2. Dining room/Comedor/Salle a manger   5. Patio/Patio/Cour

3. Kitchen/Cocina/Cuisine   6. Bedroom/Dormitorio/Chambre à coucher

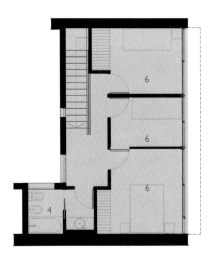

Appartment upper floor plan

Planta superior del apartamento

Étage supérieur de l'appartement

0   1   2

This building was designed with very wide spaces, to suit a young public. The ceilings were painted grey and polished concrete was used for the floors, which meant that a careful selection of furniture and decorative elements was required. A Barcelona sofa, a legendary design by Mies Van Der Rohe, was placed in the living room. The kitchen-dining room is in the other extreme, with a note of black. The duplex also has access to a bright patio.

Este edificio fue diseñado especialmente para un público joven, con unos espacios muy amplios. Se pintaron los techos de gris y se empleó hormigón pulido para los suelos, lo que requirió una cuidada selección del mobiliario y de los elementos decorativos. En el salón se colocó un sofá Barcelona, un legendario diseño de Mies Van Der Rohe. En el otro extremo se encuentra la cocina comedor, con una nota de color negro. El dúplex tiene acceso, además, a un luminoso patio.

Cet immeuble, disposant de grandes surfaces, a été spécialement conçu pour un jeune public. Les toits ont été peints en gris et les sols ont été recouverts de béton poli : pour compléter au mieux ces aménagements, un choix minutieux en ce qui concerne le mobilier et les éléments décoratifs a été nécessaire. Dans le salon, un canapé Barcelone, conçu par le légendaire Mies Van Der Rohe, a été installé. A l'autre extrémité de l'appartement, se situe la cuisine-salle à manger, caractérisée par une touche de couleur noire. Par ailleurs, le duplex offre un accès sur un patio très lumineux.

Two Orange Slice chairs by Pierre Paulin were chosen to complement the
Barcelona sofa; both are references of contemporary design.

Además del sofá Barcelona se colocaron dos sillas Orange Slice de Pierre Paulin,
ambos referentes del diseño contemporáneo.

En plus d'un canapé Barcelone, deux chaises Orange Slice de Pierre Paulin,
références du design contemporain, décorent la pièce.

The kitchen has a double exit to the community area and a roof-less interior patio.

La cocina tiene una doble salida a la zona comunitaria y a un patio interior sin cubierta.

La cuisine comprend deux portes, donnant sur la partie commune et sur le patio intérieur à ciel ouvert.

3GGon
P: +54 11 5495 8120 (Buenos Aires)
P: +39 339 621 4879 (Roma)
info@3ggon.com.ar
www.3ggon.com.ar

A

Alberto Moletto
Nueva Costanera 4076
Vitacura, Santiago, Chile
P: +56 2953 5248
alberto@ramirez-moletto.cl
www.ramirez-moletto.cl

Alchemy Architects
856 Raymond Avenue, Saint Paul
Saint Paul, MN 55114, USA
P: +1 651 647 6650
F: +1 651 646 1246
info@weehouses.com
www.alchemyarch.com

Arquitectónika
Mariscal J. M. Sucre 1546, 9.° C
1428DUT Buenos Aires, Argentina
P: +54 11 4780 1316
F: +54 11 4780 0083
arquitectonika@ciudad.com.ar

Atelier A5 Architecture & Planning
3-33-12 Daita Setagaya-ku
Tokyo 155-0033, Japan
P/F: +81 3 34193830
A5@a-a5.com
www.a-a5.com

Atelier Architecture & Scenography
Strausberger Platz 19
D-10243 Berlin, Germany
P: +49 30 2529 6181
F: +49 30 2529 6182
aas@gonzalezhaase.com
www.gonzalezhaase.com

Baudizzone Lestard & Asociado
Arroyo 828 4th floc
1007 Buenos Aires, Argentir
P/F: +54 11 4327 138
info@baudizzone-lestard.co
www.baudizzone-lestard.co

BNIM Architec
106 W 14th Street, Suite 20
Kansas City, MO 64105, US
P: +1 816 783 150
F: +1 816 783 150
www.bnim.co

C

Camps Tiscornia Arquitectu
Cerviño 3707, 12nd floc
C1425AGG, Buenos Aires, Argentir
P: +54 11 4805 470
info@campstiscornia.com.
www.campstiscornia.com.

Capital Diseño y Objetos (interior desig
Honduras 495
1425 Capital Federal, Buenos Aires, Argentir
P: +54 11 4834 655
capital@capitalpalermo.com.
www.capitalpalermo.com.

Caramel Architekte
Schottenfeldgasse 60/3
1070 Vienna, Austr
P: +43 1 596 349
F: +43 1 596 3490 2
kha@caramel.
www.caramel.

Chr Dauer Architec
1 Arkansas Street D
San Francisco, CA 94107, US
P: +1 415 431 55
F: +1 415 861 509
info@chrdauer.co
www.chrdauer.co

Curiosity
2-13-16 Tomigaya, Shibuya-ku,
Tokyo 151-0063, Japan
P: +81 03 5452 0095
F: +81 03 5454 9691
info@curiosity.jp
www.curiosity.jp

E

Edgardo Minond/Minond
El Salvador 4753 PB
1414 Buenos Aires, Argentina
P: +54 11 4833 3401
edgardo@minond.com.ar
www.minond.com.ar

Elena Von Grolman (interior design)
evong@fibertel.com.ar

Elliott & Associates Architects
35 Harrison Avenue
Oklahoma City, OK 73104, USA
P: +1 405 232 9554
F: +1 405 232 9997
design@e-a-a.com
www.e-a-a.com

Escher GuneWardena Architecture
815 Silver Lake Boulevard
Los Angeles, CA 90026, USA
P: +1 323 665 9100
F: +1 323 665 9103
info@egarch.net
www.egarch.net

Estudio Saban Grin
Av. Coronel Díaz 1905, 4.° 9.ª
1425 Capital Federal, Buenos Aires, Argentina
P: +54 11 4822 9890/+54 11 4825 3818
sabangrin@yahoo.com.ar
sabangrin@arnet.com.ar

F

Feldman Architecture
1126 Folsom Street, 4
San Francisco, CA 94103, USA
P: +1 415 252 1441
F: +1 415 252 1442
info@feldmanarchitecture.com
www.feldmanarchitecture.com

Finne Architects
217 Pine Street, 12th floor
Seattle, WA 98101, USA
P: +1 206 467 2880
F: +1 206 467 2882
nils@finne.com
www.finne.com

Florencia Kumcher
República Árabe Siria 2749
1425, Capital Federal, Buenos Aires, Argentina
P: +54 11 4804 2021
florkum@gmail.com

Front Studio
73 Spring Street, 501
New York, NY 10012, USA
P: +1 212 334 5820
F: +1 212 334 6822
info@frontstudio.com
www.frontstudio.com

H

Higuera & Sánchez
Mérida 16, Col. Roma
06700 México D.F., México
P: +52 55 1085 9924
F: +52 55 1085 9925
vv@higuera-sanchez.com
www.higuera-sanchez.com

Hirotaka Satoh
Open Studio NOPE, 2-12-5 Minato-ku,
Tokyo 108-0073, Japan
P: +81 3 5443 0595
F: +81 3 5443 0667
webmaster@synapse-net.jp
www.synapse-net.jp

Horden Cherry Lee Architects
34 Bruton Place
W1J 6NR London, UK
P: +44 20 7495 4119
F: +44 20 7493 7162
info@hcla.co.uk
www.hcla.co.uk

Hut Architecture
192 St John Street
EC1V 4JY Clerkenwell, London, UK
P: +44 20 7566 5333
F: +44 20 7566 5301
info@hutarchitecture.com
www.hutarchitecture.com

K

Kitzig Interior Design & Architecture
Rixbecker Strasse 107
59555 Lippstadt, Germany
P: +49 2941 925 081
F: +49 2941 925 082
info@kitzig.com
www.kitzig.com

L

Ldb Arquitectura
871-2350, San José, Costa Rica
T. +506 219 4933
F: +506 218 0631
www.ldbarquitectura.com

Lydia Haack & John Höpfner Architekten
Agnes-Bernauer-Str. 113
80687 Munich, Germany
P: +49 89 1239 1731
F: +49.89 5892 9887
info@haackhoepfner.com
www.haackhoepfner.com

Marcello Cuneo Studio di Architettura e Industrial Design
Via Abruzzi 2/C
20068 Peschiera Borromeo, MI, Italy
P/F: +39 027 532035
www.marcellocuneo.i

Martín Gómez Arquitecto
Ruta 10, km 16
La Barra, Maldonado, Uruguay
P: +598 42 77 200
estudio@martingomezarquitectos.com
www.martingomezarquitectos.com

Massimo Moranc
Via Flaminia, 185/C
47900 Rimini RN, Ital
P: +39 0541 30718
F: +39 0541 30904
info@architettomorandi.i
www.architettomorandi.i

Milagros Loitegu
Uruguay 1267, 3.°
Capital Federal, Buenos Aires, Argentin
P: +54 11 4812146
mloitegui@fibertel.com.a

Moskow Architect
88 Broad Stree
Boston, MA 02110, US
P: +1 617 292 200
F: +1 617 426 470
km@moskowarchitects.cor
www.moskowarchitects.cor

Najmias Arquitecto
Costa Rica 4684, Office 3
C1414 BSJ Ciudad Federal, Buenos Aires, Argentin
P: +54 11 4831 323
estudio@arqnajmias.com.a
www.arqnajmias.com.a

O

Ofis Arhitekti
Kongresni TRG 3
1000 Ljubljana, Slovenia
T: +386 1426 0085/+386 4260 084
F: +386 1426 0085
ofis@ofis-a.si
www.ofis-a.si

Ogrydziak & Prillinger Architects
2148 Larkin Street
San Francisco, 94109 CA, USA
P: +1 415 474 6723
F: +1 415 474 5097
info@oparch.net
www.oparch.net

Oyharzabal & Zanotti
Talcahuano 1257 PB
Capital Federal, Buenos Aires, Argentina
contacto@omasz.com
www.omasz.com

P

Pereira Miguel/PM Arquitectos
Av. Praia da Vitória 5, cave 2
1000-245 Lisbon, Portugal
P/F: +351 21 314 1742
info@pm-arq.com
www.pm-arq.com

S

Silvina Descole
El Salvador 4753 PB
1414 Buenos Aires, Argentina
P: +54 11 4802 9330
M: +54 11 (15) 5823 1332
silvina@descole.com
www.descole.com

Sofía Camps (interior design)
sofiacamps@fibertel.com.ar

Studio Aisslinger
Oranienplatz 4
D-10999 Berlin, Germany
P: +49 30 3150 5400
F: +49 30 3150 5401
studio@aisslinger.de
www.aisslinger.de

Sustain Design Studio
728 Logan Avenue
M4K-3C6 Toronto, Canada
P: +1 888 301 6464
andy@sustain.ca
www.sustain.ca

T

Thierry Monge
Av de Flandre 72
75019 Paris, France
P: +33 8 7120 6572
F: +33 01 4023 0028
www.thierrymonge.com

413

Tomorrow Architects
Boulevard Henry Barbusse 12
93100 Montreuil, France
P : +33 (0)1 48 57 89 44
tomorrow@wanadoo.fr

V

Visconti Architecture
66 Main Street
Bedford Hills, NY 10507, USA
P: +1 914 241 1873
F: +1 914 206 4125
mail@visconti-architecture.com
www.visconti-architecture.com

W

Wingårdh Arkitektkontor
Kungsgatan 10A
SE 411 19 Göteborg, Sweden
P: +46 (0)31 743 70 00
F: +46 (0)31 711 98 38
wingardhs@wingardhs.se
www.wingardhs.se

PHOTOGRAPHERS

A

Åke E:son Lindman
Maria Bang. 4 A
118 63, Stockholm, Sweden
P: +46 834 35 80
F: +46 834 35 81
ake.eson@lindmanphotography.com
www.lindmanphotography.com

Amendolagine-Barracchia
Via Ronchi 16/2
20134 Milan, Italy
P: +39 02 215 33 94
studio@amendolaginebarracchia.it
www.amebar.it

Avis Studio
959 Islington St.
Portsmouth, NH 03801, USA
P: +1 603 494 3270
F: +1 866 595 6786
info@avisstudio.com
www.avisstudio.com

B

Benjamin Benschneider
P: +1 206 789 5973
benbenschneider@comcast.net
www.benschneiderphoto.com

Bruce Damonte Photography
16 Castle Street
San Francisco CA 94133, USA
P: +1 415 845 6919
bruce@brucedamonte.com.
www.brucedamonte.com

C

Csaba Herke
c_herke@hotmail.com

D

Daniele Domenical
Via Giovanni Verga 2C
40026 Imola, BO, Italy
P: +39 0542 32862
F: +39 335 6448323
contact@ddphoto.i
www.ddphoto.i

David Rah
1514 Alvarado Ter Apt. 404
Los Angeles CA 9006, USA
P: +1 8133173178
david@davidrahrphotography.com
www.davidrahrphotography.com

Doug Fogelson
437 North Wolcott # 10
Chicago IL 60622, USA
P: +1 312 492 664
F: +1 312 492 660!
dough@drfP:com
www.drfP:com

E

Eric Roth Photography
P:O. BOX 42.
Topsfield, MA 01983, USA
P: +1 978 887 197!
F: +1 978 887 503!
sabrina@ericrothphoto.com
www.ericrothphoto.com

G

Greg Premru Photograph
840 Summer Stee
Boston, MA 02127, USA
P: +1 617 269 997
F: +1 617 269 733
info@gregpremru.com
www.gregpremru.com

S

Sascha Kletzsch
Fraunhoferstrasse 5
80469 Munich, Germany
P: +49 89 441 42 769
F: +49 89 441 42 768
info@sascha-kletzsch.de
www.sascha-kletzsch.de

Steffen Jänicke Fotografie
Prinzessinnenstr. 2
10969 Berlin, Germany
P: +49 30 614 86 12
F: +49 30 614 90 26
M: +49 177 614 86 12
mail@steffen-jaenicke.de
www.steffen-jaenicke.de

Stephen Clément
2, rue Auguste Maquet
75016 Paris, France
P: +33 07 43 81 63
www.sclement.com

Sur Press Agencia
A. J. Carranza 1695
Buenos Aires 1414, Argentina
P: +54 11 4777 7924
info@surpressagencia.com
www.surpressagencia.com

T

Tomaz Gregoric
Gregorciceva 13 A
1000 Ljubljana, Slovenia
P: +386 4189 0776
tomazgregoric@siol.net

Torsten Leinkämpe
Rixbecker Strass 10
59557 Lippstadt, German
P: +49 294 17 426 04
F: +49 294 17 426 04
info@archdesign.de
www.archdesign.de

U

Ulf Celande
Konstepideminnsv S-413 1
Göteborg, Swede
P: +46 (0) 709 370 77
info@ulfcelander.s
www.ulfcelander.s